Über dieses Buch und die Autorin Im Alter von 25 Jahren setzte sie ihrer vielversprechenden Hollywood-Karriere ein selbstgewähltes, abruptes Ende – ihre Eigenwilligkeit und Unabhängigkeit, ihre Intelligenz und ihr unerbittliches Selbstvertrauen ließen ein Happy-End mit der Traumfabrik nicht zu. Über Nacht berühmt wurde Louise Brooks durch eine einzige Rolle, die sie 21jährig in einem deutschen Stummfilm spielte: durch ihre beispiellose Verkörperung von Lulu, Heldin des Films »Die Büchse der Pandora«, den G. W. Pabst 1928 in Berlin nach dem anstößig erotischen Theaterstück Frank Wedekinds auf die Leinwand brachte.
In diesem Film, der zwar eine Tragödie, doch auch eine Feier des Lustprinzips ist, spielte Louise Brooks eine arglose junge Hedonistin, die, ohne etwas Böses zu wollen, ihre Liebhaber und schließlich sich selbst mit einem gewaltsamen Tod beschenkt. Sie tat dies mit einer Mischung aus Amoralität und Unschuld, die sie zum Inbegriff der kindhaften »femme fatale« nicht nur ihrer Epoche, sondern der Filmgeschichte werden ließ.
In sieben autobiographischen Essays berichtet Louise Brooks mit dem kritischen Blick einer Aussteigerin und mit Unerbittlichkeit gegen sich selbst und andere über ihre Karriere, über ihre Kollegen Chaplin, W. C. Fields, die Garbo, Lillian Gish, den damals noch nicht berühmten Humphrey Bogart und über ihre Arbeit mit G. W. Pabst in Berlin: eine mitunter brisante Mischung aus den persönlichen Erfahrungen eines Filmidols und einer intellektuellen Frau, aus Hollywood-Interna, Filmkritik und hellsichtigen Erkenntnissen über Starkult und Kino-Glamour.
William Shawn, der Herausgeber des »New Yorker«, rühmt in seinem Vorwort die außerordentliche schriftstellerische Begabung von Louise Brooks, während ihre filmhistorischen und schauspielerischen Leistungen in einem Nachwort von Lotte Eisner gewürdigt werden.

Louise Brooks wurde 1906 in Kansas geboren. Sie starb 1985 in Rochester im Staat New York.

Louise Brooks

Lulu in Berlin und Hollywood

Aus dem Amerikanischen
übertragen von
Bernd Samland

Fischer
Taschenbuch
Verlag

Der Verlag Schirmer/Mosel dankt Herrn Enno Patalas, dem Leiter des Filmmuseums der Stadt München, und Herrn Gerhard Ullmann für ihre freundlich gewährte Unterstützung bei der Bebilderung des Bandes.

Veröffentlicht im Fischer Taschenbuch Verlag GmbH,
Frankfurt am Main, Juli 1986

Lizenzausgabe mit freundlicher Genehmigung
des Verlages Schirmer / Mosel GmbH, München

Deutsche Ausgabe mit Genehmigung des Verlags Alfred A. Knopf, Inc., New York
Umschlaggestaltung: Jan Buchholz / Reni Hinsch
Gesamtherstellung: Clausen & Bosse, Leck
Printed in Germany
1280-ISBN-3-596-24465-X

Inhalt

Einleitung von William Shawn 7

1 Kansas – New York 11

2 Vor Ort: Außenaufnahmen mit Billy Wellmann 32

3 Die Nichte von Marion Davies 49

4 Humphrey und Bogey 79

5 Das andere Gesicht des W. C. Fields 95

6 Lillian Gish und Greta Garbo 111

7 Pabst und Lulu 121

Lotte H. Eisner: Eine Zeugin spricht 138

Filmographie 141

Tafeln 145

Filmbilder aus »Die Büchse der Pandora« 155

Louise Brooks, photographiert von Edward Steichen, 1929

Einleitung

Es dürfte uns nicht weiter überraschen, daß eine Filmschauspielerin schreiben kann, aber in solch engen Grenzen bewegen sich unsere Erwartungen, daß es uns doch überrascht. Wir sind sogar noch mehr überrascht, wenn sich diese Schauspielerin als eine der großen Schönheiten aller Zeiten erweist. Und wir sind über alle Maßen erstaunt, wenn wir hören, daß sie für viele Leute über eine erotische Eloquenz verfügt, die von keiner anderen Frau, die jemals auf der Leinwand erschienen ist, übertroffen wird. Es mag wohl sein, daß die Zahl der schönen, erotisch-eloquenten Filmschauspielerinnen, die die Fähigkeit zu schreiben besitzen, sehr, sehr klein ist. Aber ob nun groß oder klein: nach meinem Urteil gehört Louise Brooks an die Spitze dieser Liste. Louise Brooks ist nicht nur eine Schauspielerin, die auch schreibt; sie ist Schriftstellerin und Schauspielerin. Vor langer Zeit hat sie auch getanzt. Wer sie tanzen sah, sagt, daß sie eine fesselnde Tänzerin gewesen sei, und ich bin überzeugt, daß sie das war. Was sie auch tut – sie ist ganz und gar Künstlerin. Um Louise Brooks jedoch zu verstehen, muß man sie zunächst von ihrer berühmtesten Rolle trennen: von der Lulu in G. W. Pabsts Stummfilm aus dem Jahr 1929, *Die Büchse der Pandora.* Es hat natürlich eine ganze Reihe von Lulus gegeben, seit der deutsche Dramatiker Frank Wedekind diese Figur in seinen Stücken *Erdgeist* und *Die Büchse der Pandora* schuf. Zahlreiche Schauspielerinnen haben diese Rolle auf der Bühne gespielt. Seit Alban Berg seine singende, atonale Lulu in der gleichnamigen Oper schuf, haben zahlreiche Sängerinnen die Rolle gesungen. Doch es war Louise Brooks, die, stumm und aus sich selbst heraus, die grundlegende, die einzige Lulu schuf. Während die Jahre vergangen sind, hat das Bild der Louise Brooks als Lulu sich auf der Leinwand behauptet und jede andere Darstellung der Figur beeinflußt und durchdrungen. Es ist schwer zu glauben, daß Louise Brooks unabhängig von ihrer Kunstschöpfung existiert. Für Pabst waren beide identisch, und sogar Louise Brooks verwechselt sie in manchen Augenblicken. Zweifellos ist die Seele von Louise Brooks Lulus Seele nicht unähnlich – eine Hedonistin, die die Sünde nicht kennt, die für den Augenblick lebt und die Männer im Vorbeigehen vernichtet. Es gibt jedoch Unterschiede. Denn während Lulu einen ihrer Liebhaber

wirklich umbrachte, ist Louise Brooks eine »femme fatale«, auf deren Konto kein einziges Todesopfer geht. Lulu hatte nichts, was auch nur Gewissen genannt werden konnte. Auf verstohlene, verschämte und verschlungene Weise hat Louise Brooks ein Gewissen. Dann war Lulu zwar äußerst temperamentvoll und verfügte über eine animalische Intelligenz, aber sie machte sich über ihre Taten keine Gedanken, sie dachte nicht nach. Louise Brooks macht sich Gedanken, und sie denkt nach. Lulu las keine Bücher. Louise Brooks liest Bücher. Und schließlich konnte Lulu nicht schreiben. Louise Brooks kann schreiben.
Der verstorbene Kenneth Tynan, der das klassische, definitive Porträt von Louise Brooks geschrieben hat, das 1979 in »The New Yorker« veröffentlicht wurde, zitiert den französischen Kritiker Ado Kyrou mit den Worten: »Louise Brooks ist die einzige Frau, die die Fähigkeit besaß, egal welchen Film in ein Meisterwerk zu verwandeln... Louise ist die vollkommene Erscheinung, die Traumfrau, das Wesen, ohne das das Kino etwas Armseliges wäre.« Als Filmschauspielerin präsentiert sich Louise Brooks der Kamera offen und ehrlich, total, ohne Ausflüchte; und daraus entsteht jene erhabene Schauspielkunst, die einem überhaupt nicht mehr gespielt vorkommt. Als Schriftstellerin tut sie im Grunde das gleiche. Ihre anscheinend angeborene Fähigkeit, der Leinwand sich rückhaltlos auszuliefern, überträgt sich auch auf ihr Schreiben. Wenn sie etwas zu sagen hat – und gewöhnlich hat sie etwas zu sagen –, weiß sie die richtigen Worte richtig zu setzen, und man hat das angenehme Gefühl, daß, was sie geschrieben hat, für sich selbst steht: Sie fordert nichts dafür. Ihre Direktheit, ihr starker Drang, die Wahrheit zu sagen, ihre Weigerung, etwas zurückzuhalten – diese Eigenschaften sorgen für eine literarische Grundlage, von der sie sich ohne weiteres emporschwingen kann; und das tut sie auch. An einer Stelle dieses Buches schreibt sie: »Und so bin ich denn im grausamen Streben nach Wahrheit und Vortrefflichkeit ein unerbittlicher Scharfrichter des Unechten geblieben, allen ein Greuel, außer den wenigen Menschen, die ihre Abneigung gegen die Wahrheit besiegt haben, um das zu befreien, was Gutes in ihnen steckt.« Wenn sie nicht mehr als diesen einen Satz geschrieben hätte, wäre ich schon bereit, sie eine Schriftstellerin zu nennen. Der Satz steigt und fällt in einem herrlichen Bogen, die Sprache ist frisch, der Gedanke ist klar und ehrlich. Aber sie ist weit mehr als die Verfasserin eines einzigen Satzes. Dieses Buch, dessen erstes Kapitel bisher unveröffentlicht ist, das im übrigen aber weitgehend auf Essays zurückgreift, die sie über eine Reihe von Jahren für »Sight & Sound«,

»Film Culture« und andere Filmzeitschriften geschrieben hat, zeigt, daß Louise Brooks fähig ist, eine größere literarische Form durchgehend zu meistern. Grundlegend ist für sie die Hingabe an das, was sie als Wahrheit sieht, aber von gleicher Bedeutung sind ihre Einsichten in den menschlichen Charakter, ihre außergewöhnliche Beobachtungsgabe, ihre Gewitztheit und ihr literarischer Stil. Wie es kam, daß diese Frau, die so herrlich zu beobachten ist, selbst zu einer brillanten Beobachterin anderer werden konnte, entzieht sich meiner Kenntnis. Genausowenig weiß ich, wie es kam, daß dieser geborene Mittelpunkt der Aufmerksamkeit, diese Frau, die doch zur Passivität hätte verdammt sein können, die ganze Zeit ihre scharfsinnige Aufmerksamkeit den Menschen ihrer Umgebung widmete. Was ich aber weiß, ist, daß sie wunderbar schreibt, in einem Stil, der ganz ihr eigener ist: direkt, anmutig, kurz und bündig, genau, durchdringend, strahlend.

William Shawn

1 Kansas – New York

Die Vorfahren der Brooks-Familie waren arme englische Bauern, die am Ende des achtzehnten Jahrhunderts auf einem Handelsschiff nach Amerika kamen. Sie siedelten sich im gebirgigen Nordosten von Tennessee an. Während des Bürgerkriegs kämpften sie gegen die Sklavenhalter, die im westlichen Tennessee Plantagen besaßen. 1871 zog mein Urgroßvater John Brooks mit seinem Sohn Martin und Martins junger Familie im Planwagen tausend Meilen quer durch Tennessee, Arkansas und die Ecke von Missouri, um sich im freien Staat Kansas anzusiedeln. Die Regierung überließ ihnen die gesetzlichen 160 »acres« [etwa 65 Hektar] Land als »homestead« * in der Nähe des Ortes Burden. Dort errichteten sie eine Blockhütte, zehn mal zwölf Fuß [etwa 3 mal 3,60 m], in der alle zwölf Angehörigen der Familie leben mußten. Die Pawnee- und Cherokee-Indianer waren bereits nach Süden in ein Reservat im Oklahoma-Territorium vertrieben worden, während die letzten Plains-Indianer damals noch in einem hoffnungslosen Kampf gegen die US-Armee und Kavallerie standen, die die letzten Überlebenden bald nach Westen, nach Colorado trieben. Überdies waren bis 1875 die Büffel, von denen die Indianer lebten, zu Millionen von den weißen Jägern abgeschlachtet worden. Danach strömten die »Homestead«-Siedler ins Land.

Mein Vater, Leonard Porter Brooks, der das zweite von acht Kindern war, wurde 1868 geboren, noch ehe die Familie Tennessee verließ. Er wurde Rechtsanwalt und heiratete 1904, im Alter von sechsunddreißig Jahren, meine Mutter, Myra Rude, die neunzehn war. Sie zogen in den kleinen Ort Cherryvale, Kansas, wo Vater für die Prairie Oil Company arbeitete, bis diese von John D. Rockefeller geschluckt wurde. Mutter gebar vier Kinder: Martin im Jahr 1905, Louise 1906, Theodore 1912 und June im Jahr 1914.

Mein Vater, ein kleiner, schwarzhaariger Mann, ruhig, fröhlich und energisch, hatte sein ganzes Leben nur zwei Lieben – meine Mutter und seine Anwaltspraxis. Er träumte davon, US-Distriktrichter zu

* »Homestead Act« = amerikanisches Gesetz vom 20. 5. 1862, nach dem Farmen auf Regierungsland kostenlos überlassen werden, wenn sie fünf Jahre lang bebaut worden sind.

werden – ein Traum, der nicht zu verwirklichen war, weil sein Abscheu vor dem Saufen, dem Huren und allen Schweinereien ihn für die ruppigen Politiker seiner Zeit unannehmbar machte. 1919 zogen wir nach Wichita, wo mein Vater eine Anwaltspraxis eröffnete und wo bald ein Witz die Runde machte: »L. P. Brooks ist so ehrlich, daß seine Sekretärin mehr Geld macht als er.« Als er fast achtzig war, wurde seine Integrität jedoch belohnt; er wurde als beisitzender Richter in die oberste Justizbehörde des Staates Kansas berufen. Er starb 1960 im Alter von zweiundneunzig Jahren.

Meine Mutter wurde 1884 in Burden, Kansas, geboren, als Kind von Mary und Thomas Rude, einem Landarzt. Weil er der einzige Arzt im Umkreis von vielen Meilen war, sahen sich die Ortsbewohner gezwungen, obwohl sie ein puritanischer Haufen waren, ihm vieles nachzusehen, was sie anderen nie erlaubt hätten – Trinken, Rauchen, Fluchen und die Weigerung, zur Kirche zu gehen. Er entband Frauen von ihren Kindern, schiente Knochenbrüche und linderte die Schmerzen der Sterbenden mit Morphium. Wenn das Wetter gut war, fuhr er mit Pferd und Wagen zu seinen Patienten. Wenn das Wetter schlecht war, machte er seine Visiten zu Pferde. Und wenn das Wetter sehr schlecht war und das Pferd den Weg durch die Schneeverwehungen nicht finden konnte, ging er zu Fuß. Wenige seiner Patienten bezahlten ihn mit Geld, manche mit Schweinen oder ein paar Sack Mais, viele zahlten gar nichts.

Als ältestes von sechs Kindern einer winzigen, in sich gekehrten Mutter, die sich »schlechter Gesundheit erfreute«, war Myra Rude gezwungen gewesen, ihre Jungmädchenzeit der Sorge für die, wie sie sie nannte, »plärrenden Gören« zu opfern. Als sie heiratete, erklärte sie Vater, daß er für sie die Flucht in die Freiheit und die Künste sei und daß alle plärrenden Gören, die sie zur Welt brächte, für sich selbst zu sorgen hätten. Und so war es dann auch. Meine Mutter gestaltete ihre Freiheit, indem sie Buchkritiken verfaßte und sie in ihrem Frauenclub vortrug, Vorlesungen über Wagners *Ring* hielt und Klavier spielte, worin sie äußerst begabt war. Wenn mein älterer Bruder und ich uns stritten, zog sich mein Vater immer in den dritten Stock zu seinen juristischen Büchern und seiner Violine zurück; und meine Mutter, die, mit ihrem Sinn für das Absurde, Schuld und Sühne fast immer in Gelächter auflöste, mußte oftmals einfach lachen. Sie förderte jedoch meine Tanzkarriere, und die begann, als ich zehn Jahre alt war. Meine Mutter und ich hofften beide, daß ich eine ernsthafte Tänzerin würde.

Seit, von meinen zehnten Lebensjahr an, eine Mrs. Buckpitt acht Meilen mit dem Zug aus der Stadt Independence in den Ort Cherry-

Louise Brooks als Vierzehnjährige in Wichita, Kansas

vale kam, um mir Tanzunterricht zu geben, war ich, was man eine professionelle Tänzerin nennen konnte. Ich tanzte vor Herrenclubs, Damenclubs, bei Jahrmarktsfestlichkeiten und verschiedenen anderen Veranstaltungen im südöstlichen Kansas. Ich neigte zu Wutanfällen, wenn sich ein Kostüm als widerspenstig erwies oder das Tempo der Musik nicht stimmte; aber meine Mutter, die meine Kostüme schneiderte und mich am Klavier begleitete, trug das mit professioneller Gelassenheit. Mein Vater meinte, man habe mich verstümmelt, als Mutter, in der Absicht, meine Bühnenerscheinung zu vervollkommnen, mir beim Friseur meine langen, schwarzen Zöpfe abschneiden und das, was von meinem Haar übrigblieb, zu einem glatten Bubikopf mit Pony kämmen ließ. Er nannte meine Tanzerei »einfach albern«. Nachdem wir nach Wichita gezogen waren, nahm ich jedoch am Wichita College of Music Tanzunterricht bei Alice Campbell, die auch Rhetorik lehrte; ihre ausgefallene Art der Sprecherziehung erlaubte es ihr – sie kam aus Kansas City, Missouri –, ihre Verachtung für den ganzen Staat Kansas auszudrücken. (Später erfuhr ich, daß man in allen Staaten der USA, Nebraska ausgenommen, Verachtung für Kansas empfand.) In den zwanziger Jahren begannen Isadora Duncan, Ruth St. Denis und Ted Shawn gerade erst, dem seriösen amerikanischen Tanz eine lehrbare Form zu geben. Alle übrigen Tanzlehrer im ganzen Land lehrten Springen, Radschlagen und Spagat, den Formenkanon des akrobatischen Tanzes, oder Steptanz oder eine schlampige Imitation der Technik des russischen Balletts. Miss Campbell, deren plumper Körper stets in einer Uniform aus einer gestärkten weißen Bluse, plissierten Pumphosen aus schwarzer Serge, schwarzen Strümpfen und Ballettschuhen steckte, drehte ihre Fußspitzen in fünf verschiedene Stellungen, hob ihre Beine in Arabesken und drehte mit damenhafter Behutsamkeit Pirouetten. Daß sie in unserer Gegend allen anderen überlegen war, konnte meine Verachtung für ihre unverschämte Vortäuschung von Kunst nicht wettmachen – und daß es eine Pseudokunst war, konnte ganz Wichita sehen, als das Pavley-Oukrainsky-Ballett aus Chicago 1920 bei der jährlichen Weizenschau auftrat.
Hier muß ich mich zu einem Fluch bekennen, der mich mein ganzes Leben begleitet hat. Scott Fitzgerald berührte diesen wunden Punkt, als er 1940 an seine Tochter Scotty schrieb: »Zelda ist in allen Dingen auf tragische Weise brillant, nur nicht in jener einen Sache von zentraler Bedeutung – als gesellschaftliches Wesen hat sie versagt.«
Als Zelda Fitzgerald 1925 Ernest Hemingway zum ersten Mal begegnete, nannte sie ihn einen »Pseudo«. Aus Rache nannte Hemingway

sie öffentlich »verrückt« und bezeichnete Scott als destruktiven Alkoholiker, mit dem Ergebnis, daß die Fitzgeralds von ihren Freunden, den Gerald Murphys, geschnitten wurden, und dadurch schließlich auch vom Rest der Society-Kolonie an der französischen Riviera.
Ein Jahr später gab mir mein Freund Townsend Martin, Drehbuchautor bei der Paramount, der zusammen mit Fitzgerald in Princeton gewesen war und jeden Sommer einige Zeit in Paris und Antibes verbrachte, einen ersten Einblick in die Herdenmentalität der High Society. Als er 1926 aus Frankreich zurückkehrte, erklärte er, daß das Betragen der Fitzgeralds, die er vorher vergöttert hatte, »zu empörend« geworden sei und fügte dann hinzu: »Niemand besucht sie mehr.«
Was mein eigenes Versagen als gesellschaftliches Wesen anging, so versuchte meine Mutter mich dazu zu bewegen, Menschen mit heuchlerischen Gesichtern weniger offen zu kritisieren. »Mein Liebes, versuch doch, dich etwas beliebter zu machen«, sagte sie mir. »Versuch doch, die Leute nicht so vor den Kopf zu stoßen!« Ich beobachtete meine Mutter immer, wie sie, hübsch und charmant, lachte und den Leuten das Gefühl gab, klug zu sein, so daß sie von sich selbst ganz angetan waren; aber ich konnte mich nicht so verhalten. Und so bin ich denn im grausamen Streben nach Wahrheit und Vortrefflichkeit ein unerbittlicher Scharfrichter des Unechten geblieben, allen ein Greuel, außer den wenigen Menschen, die ihre Abneigung gegen die Wahrheit besiegt haben, um das zu befreien, was Gutes in ihnen steckt.
Unweigerlich kam so die Zeit, daß Miss Campbell mich aus ihrem Tanzkursus hinauswarf, weil sie mich für verzogen, unbeherrscht und beleidigend hielt. Es war nutzlos, daß meine Mutter sich flehentlich für mich einsetzte: »Ja, Louise macht es allen sehr schwer mit ihrer Strenge, aber sich selbst gegenüber ist sie *viel* strenger.« Miss Campbell brauchte die Intensität meines kritischen Blicks nicht länger zu ertragen. In meinem Tagebuch von 1921 steht: »Mutter ist zwar überall hingegangen und hat ein gutes Wort für mich eingelegt, aber ich habe dabei nur ein sonderbares Gefühl der Erleichterung. Ich muß lernen, und das heißt: hinaus zu weiteren Horizonten. Ich habe genug davon, meine Lehrerin zu lehren, was sie mich lehren soll.« Mutter kam gar nicht auf den Gedanken, daß ihr kleines Monster sich in ihrem eigenen glücklichen Heim entwickelt hatte, wo Wahrheit niemals bestraft wurde. Aus seiner Praxis und dem Gericht heimgekehrt, ging mein Vater, ein friedfertiger Mann, jedem häuslichen Hader mit seinen Kindern aus dem Weg. Wie meine Mutter machte er aus unse-

ren Ungezogenheiten oft einen Schabernack. Als Martin einmal beim Essen beichtete, daß er mich die steile Hintertreppe hinuntergeschubst habe, meinte mein Vater nur, daß es wohl sicherer wäre, mich das nächste Mal die Vorderstufen hinunterzuschubsen, denn dort würde ich gleich auf dem ersten Treppenabsatz landen. Meine Mutter nutzte fast immer ihre Energien eher zu schöpferischer Tätigkeit, als daß sie ihre Kinder disziplinierte. Eines Tages, als sie am Klavier saß, kam ich zu ihr gerannt und gestand, daß ich soeben eine Tasse aus ihrem besten Service aus Haviland-Porzellan zerbrochen hatte. Ohne mich anzusehen, sagte sie: »Aber Liebling, du kannst mich doch nicht stören, wenn ich gerade Bach übe.« Da ich zu Hause niemals die Notwendigkeit zu lügen gespürt hatte, ging ich in die Welt hinaus mit der festen Angewohnheit, die Wahrheit zu sagen; das hat aus meinem Leben automatisch die langweilige Gleichförmigkeit vertrieben, mit der es Lügner zu tun haben müssen. Alle Lügen gleichen sich. Daß meine Eltern entschlossen ihre eigenen Interessen verfochten haben, ist auch der Grund für meine frühe Selbständigkeit und meine spätere Unfähigkeit, mich der Sklaverei zu unterwerfen, als ich in die Filmfabriken Hollywoods zur Arbeit ging.

Mein Vater und meine Mutter waren mir Vorbilder an Vortrefflichkeit. In seinem Arbeitszimmer unter dem Dach, das vollgestellt war mit ledergebundenen juristischen Büchern, arbeitete mein Vater seine Schriftsätze fürs Gericht aus. Meine Mutter verbrachte viele Stunden am Klavier, um die rhythmischen Schwierigkeiten Debussys zu meistern – eines Komponisten, der 1920 für die Prärie noch neu war. Und als ich dabei ihr Gesicht beobachtete, erkannte ich zum ersten Mal die Freude an einer schöpferischen Anstrengung.

Es bleibt ein ungelöstes Geheimnis des Charakters meiner Mutter, daß sie, die doch eine so begabte Pianistin war, niemals als Solistin in der Öffentlichkeit aufgetreten ist. Sie hielt ihre Vorlesungen über Wagners *Ring;* sie trug ihre Buchkritiken vor; sie begleitete mich sogar auf der Bühne bei meinen Tänzen. Doch in den sechzig Jahren ihres Lebens ist sie nicht ein einziges Mal in einem Solokonzert aufgetreten; und ebensowenig hat sie jemals irgendeinen Grund genannt, warum sie ihre Kunst so in den Schatten stellte. Ich sehe sie noch heute, wie sie 1931 den Flügel begutachtete, den der Bandleader Paul Whiteman zurückließ, als er mir sein Haus in Hollywood vermietete. »Meine Güte, Louise, in den Flügel ist ja soviel Alkohol geflossen, daß er bald wegschwimmt«, sagte sie; »den wird man ja überhaupt nicht mehr stimmen können.« Ich hätte ihr gern ein ordentliches Klavier gemietet, wenn sie den Wunsch danach geäußert hätte, aber sie

tat es nicht; und sie beschwerte sich auch nicht darüber, daß sie in den sechs Monaten, die wir in Whitemans Haus wohnten, ohne eins auskommen mußte.
Da ich nun auf Miss Campbells schwarzer Liste stand, hatte ich keinen Tanzlehrer mehr, bis im November 1921 Ted Shawn zusammen mit Martha Graham, Betty May und Charles Weidman einen Ballettabend im Crawford Theatre gaben. Nach der Vorstellung brachte meine Mutter mich hinter die Bühne zu Mr. Shawn. Er erzählte uns, daß er in New York eine Ballettschule eröffnen werde, und er meinte, ich solle doch 1922 zum Sommerkurs zu ihm kommen. Obwohl mein Vater meine Mutter so sehr liebte wie er seine Anwaltspraxis liebte, brauchte sie doch den ganzen Winter und Sommer, um ihn zu beschwatzen, das Schulgeld von 300 Dollar für die Denishawn-Schule herauszurücken – zuzüglich der Kosten eines Sommers in New York. Sie konnte schließlich seine starken Bedenken, »ein kleines, fünfzehnjähriges Mädchen allein aus dem Haus zu schicken«, überwin-

Louise Brooks als Fünfzehnjährige in Wichita, Kansas

den, indem sie mir eine Anstandsdame besorgte: Alice Mills, eine stämmige, bebrillte Hausfrau von sechsunddreißig Jahren, die sich auf den ersten Blick ganz idiotisch in den hübschen Ted Shawn verliebt hatte und deshalb beschloß, bei ihm Tanzunterricht zu nehmen. Sie war damit einverstanden, mich im Zug zu begleiten und in New York mit mir zu wohnen.

Und so kam es, daß die arme Mrs. Mills sich im Sommer 1922 neben meinem heißen, unruhigen Körper in einem Doppelbett in einem Mietszimmer in einem Wohnkäfig auf der 86. Straße in der Nähe des Riverside Drive wiederfand. Der Denishawn-Unterricht wurde im Keller einer Kirche auf dem Broadway in der Nähe der 72. Straße abgehalten. In den Unterrichtsstunden, die Mr. Shawn persönlich gab, führte er uns seine einzigartige Balance und Körperbeherrschung vor, in Tanzschöpfungen wie seinem *Japanese Spear Dance* oder seiner *Pose Plastique.* Charles Weidmann, sein erfahrenster männlicher Tänzer, machte mit uns die Übungen an der Stange und die Ballettübungen. In der brütenden Juli- und Augusthitze ging ich an jedem Werktag von zehn bis zwölf vormittags und von eins bis drei nachmittags zum Unterricht. Sogar bei den Ballettübungen tanzten wir barfuß, was auf dem splitternden Holzfußboden für Füße, die nicht daran gewöhnt waren, sehr schmerzhaft war. Da ich in Kansas im Sommer immer barfuß gegangen war, blieben mir die aufgerissenen Fußsohlen und Blasen erspart, unter denen manche Schüler zu leiden hatten. Schweiß! Schweiß! Schweiß! Erschöpfte Jungen standen in den Pfützen ihres eigenen Schweißes. Ungewaschene, schwarzwollne Badeanzüge stanken nach altem Schweiß. Die einzige schweißfreie, geruchsfreie Schülerin war auch die einzige Schülerin aus New York – ein süßes, einsames, dickes Mädchen, das herumstand und wartete, einmal von einem der drei Jungen eingeladen zu werden; aber keiner von ihnen hat sich jemals mit ihr verabredet. Die meisten Eleven waren Frauen aus dem mittleren Westen, wohin sie, wie meine Anstandsdame Alice Mills, später auch wieder zurückkehrten, um Denishawn-Tanzschulen zu eröffnen. Obwohl ich doch selbst aus Kansas stammte, weckten die »Hicks«, diese Hinterwäldler mit ihrem gewellten Haar, ihren Blusen und Röcken und ihren dünnen gedehnten Stimmen, mit denen sie die Wunder von Grants Grab und der Freiheitsstatue beschrieben, in mir nur Verachtung.

Ich duldete das Provinzielle von Mrs. Mills, weil sie mit mir die Liebe zum Theater teilte. Gemeinsam sahen wir uns alle Broadway-Shows an, darunter meine Lieblings-Show: die *Ziegfeld Follies.* Im ersten

Akt brachte Fanny Brice das ganze New Amsterdam Theatre zum Lachen, wenn sie in ihrer Burleskversion von Pawlowas *Sterbendem Schwan* auftrat. Im letzten Akt stand sie, ihre exquisite Figur in engen schwarzen Samt gehüllt, vor einem schwarzen Samtvorhang und brach die Herzen des Publikums mit ihrem Lied *My Man.* (Drei Jahre später hörte ich diese Kunst, ein Gefühl allein durch die Phrasierung zu vermitteln, noch einmal: als Helen Morgan Gershwins *The Man I Love* sang.) Ansonsten konzentrierte sich meine Aufmerksamkeit auf die berühmten *Follies*-Girls. Ich war nicht beeindruckt. Allein Anastasia Reilly, mit ihrem glatten, dunklen Haar und ihrer knabenhaften Figur, die durch ein Pagenkostüm besonders zur Geltung kam, zeigte Persönlichkeit, jene Treue zur Natur, die ich in allen Menschen suchte und immer noch suche. Die übrigen Girls trugen ihr Lächeln zur Schau wie den Federschmuck, der sich auf ihren Köpfen türmte: unerschütterlich. Ich beschloß auf der Stelle, niemals auf der Bühne zu lächeln, es sei denn, ich fühlte mich danach. Denn in dem Gör, das vier Stunden täglich in der Tanzschule schwitzte und schuftete, lebte die heimliche Braut aus New York, deren Ziel die graziöse »sophistication« der wunderbaren Frauen war, die sie als Gör bereits auf den Seiten von »Harper's Bazaar« und »Vanity Fair« betrachtet und durchaus studiert hatte. In Wichita hatte meine Mutter mir gestattet, diese teuren Zeitschriften zu abonnieren – Zeitschriften, die meinen neidischen Bruder derart erbosten, daß er sie zerriß und die Fetzen hinter den Bücherschränken im Wohnzimmer versteckte.
Unser Haus in Wichita – ein graues Holzhaus mit vierzehn Zimmern – brach buchstäblich unter der Last der Bücher zusammen. Das Fundament hatte sich durch das Gewicht der juristischen Bücher in Vaters Schlupfwinkel im dritten Stock auf der rechten Seite über dreißig Zentimeter gesenkt. Überall gab es Bücher: In den Schlafzimmern waren die neuen Bücher, im Keller die alten und im Wohnzimmer die ungelesenen; und in der Bibliothek standen die Bücher, die ich liebte. Vaters Bibliothek umfaßte im wesentlichen die englische Literatur der viktorianischen Zeit: Dickens, Thackeray, Tennyson, Carlyle, John Stuart Mill und Darwin. Dazu kamen die amerikanischen Autoren Emerson, Hawthorne und Mark Twain. Als einziges Genie einer anderen Sprache war Goethe vertreten. Alle diese Bücher las ich mit Vergnügen, und es machte mir überhaupt nichts aus, daß ich nur wenig von dem, was ich las, verstand. Meine Leidenschaft für Wörter wurde geweckt, als ich im Alter von fünf Jahren lesen lernte, während ich meiner Mutter über die Schulter sah, wenn sie *A Child's Garden of Verses* und *Alice in Wonderland* vorlas. Mutter selbst fand die Litera-

tur zum Lachen. Für ihre Kritiken suchte sie sich Bücher aus wie *Nijinsky*, das die Frau des Tänzers, Romola, geschrieben hatte. Die sexuellen Untertöne dieser Biographie riefen ein lustvolles Ächzen auf den Stühlen der ehrbaren Matronen hervor. Hinter ihren Rücken setzte meine Mutter ihr Clubgesicht auf und girrte salbungsvoll: »Myra Brooks ist ja *so* kultiviert.«

Kultur, so sollte ich erfahren, war keine Vorbedingung, um ein »sophisticated« New Yorker zu werden. Es war vielmehr ein Handicap. Die reichen Männer, die mich schon bald in eleganten Restaurants, Theatern und Nachtclubs zur Schau stellten, schreckten vor dem Namen Shakespeare wie schwänzende Schulbuben zurück, und einen Abend in der Metropolitan Opera oder im Konzert in der Carnegie Hall sahen sie als eine unvorstellbare Qual an. Da ich über die Familien und Freunde dieser Salonlöwen nichts zu klatschen wußte, da ich mich nicht sicher fühlte, Theaterstücke und Filme zu diskutieren, und da ich das vulgäre Spiel mit schmutzigen Witzen und sexuellen Andeutungen verabscheute, sagte ich fast überhaupt nichts. Jahre später erzählte mir der Kostümbildner Travis Banton, daß er mich 1925 im Colony, dem schicksten Restaurant der Stadt, von einem anderen Tisch aus beobachtet und in die Kategorie »hübsch, aber blöde« eingeordnet hätte; und in der Kategorie bin ich bis zum Ende meiner Filmkarriere geblieben.

1922 mußte ich nun, wenn ich aus mir meine Traumfrau machen wollte, meinen Kansas-Akzent loswerden, mir die Etikette der gesellschaftlichen Elite aneignen und lernen, mich elegant zu kleiden. Ich konnte meine Aussprache nicht in einem feinen Mädchenpensionat korrigieren lassen. Ich konnte die Tischsitten nicht von Begleitern lernen, denen meine Unterlegenheit peinlich war. Ich konnte mir keinen Modeschöpfer von der Fifth Avenue leisten. Also ging ich, um mich zu bilden, direkt zu den Unbekannten, die Experten in diesen Dingen waren – zu den Leuten ganz unten, auf deren Dienste sich das zauberhafte Leben der Leute ganz oben in New York stützte. Mein Englischlehrer war ein vorlauter, überheblicher Eisbarmixer, der in einem Drugstore am Broadway arbeitete, wo ich immer meinen Eisbecher, ein »fudge sundae«, aß. Weil er sich sein Studium an der Columbia-Universität durch diese Arbeit verdiente, weil er ein hervorragendes Englisch sprach und ein feines Ohr für meinen Akzent hatte, den er gerne nachäffte, dachte ich gar nicht daran, mich im Zorn von ihm verjagen zu lassen. Ich besaß zwar nicht die Anziehungskraft eines Kinderstars, aber dafür war ich auf andere Art äußerst anziehend: Ich besaß die totale Aufmerksamkeit eines lernwilligen Schülers. Niemand kann tanzen lernen ohne vollkommene Aufmerksamkeit und ständige Konzentration: Die Haltung von Kopf, Hals, Körper, von Armen, Beinen und Füßen muß dauernd kontrolliert werden, und auf jeden Muskel des Körpers muß man sich konzentrieren, so wie er sich mit der Geschwindigkeit eines Films im Projektor vor dem Auge bewegt. Und mag ein Lehrer seiner Aufgabe noch so abgeneigt sein, so wird er sich doch geschmeichelt fühlen, wenn man ihm außergewöhnlich gespannte Aufmerksamkeit entgegenbringt. Als der Mixer eines Tages die Gäste an der Drugstore-Theke mit einer Geschichte über »mulking a kee-yow« amüsierte, unterbrach ich ihn und sagte: »Anstatt dich über mich lustig zu machen, könntest du mir eigentlich auch beibringen, wie man das richtig ausspricht.« Während er ein Banana-Split zauberte, mußte er über die komische Vorstellung, mein Pygmalion zu werden, schmunzeln, und ehe ich mit meinem »fudge sundae« fertig war, hatten meine Unterrichtsstunden auch schon angefangen. »Mulk« wurde zu »milk«, und »kee-you« wurde zu »cow«. Dann ging es weiter: »Nicht ›watter‹ wie in ›hotter‹, sondern ›water‹ wie in ›daughter‹. Und es heißt nicht ›hep‹, du Landpomeranze – es heißt ›help‹, ›help‹, ›help‹!« Einen Monat lang Eisbecher, und der Bursche hatte sich durch mein Vokabular gearbeitet und dabei die letzte Spur meines verhaßten Kansas-Akzents getilgt. Von Anfang an wollte ich jedoch nicht ein Etikett mit einem anderen vertauschen. Ich wollte gar nicht das affektierte Londoner Bühnenenglisch der Salonkomödienstars wie Ina Claire und Ruth Chatterton sprechen; ich wollte bloß klares, ungefärbtes Englisch sprechen. Mein Drugstore-Bursche sprach klares, ungefärbtes Englisch. Meine Mutter hatte bereits mein kindisches Quieken zu einer angenehmen mittleren Stimmlage gedämpft und mir dadurch für immer bewußt gemacht, was für ein starkes Manipulationsinstrument die Stimme ist.

In der Spielzeit 1922/23 ging ich mit Ruth St. Denis, Ted Shawn und den Denishawn-Dancers auf Tournee, und danach besuchte ich einen Denishawn-Sommerkurs in Mariarden, einem Sommertheater-Schullager in der Nähe von Peterborough im Staat New Hampshire. Dort freundete ich mich mit Barbara Bennett an, der siebzehnjährigen Tochter des berühmten Schauspielers Richard Bennett. Als wir im September nach New York zurückkehrten – sie zu ihren Eltern, ich zu den Proben für eine zweite Tournee-Spielzeit –, machte sie mich mit den Wallstreet-Brokern bekannt, die mich ins Colony zum Essen ausführten. Und dort jagte mir, die ich in Kansas niemals einen Hummer zu sehen bekommen hatte, ein riesenroter Hummer einen Schrecken ein; ich ließ ihn ungegessen zurückgehen. Als ich Barbara über

Hummer befragte, sagte sie nur: »Du tunkst sie ein bißchen in Butter, Dummchen, und ißt sie.« In der Stadtbücherei auf der 42. Straße hatte ich schon eine erfolglose Stunde mit Emily Posts Buch *Etiquette* verbracht, als ich in einer Zeitschrift eine Anzeige für Nelson Doubledays *Book of Etiquette* las, die ganz genau meine eigene Misere beschrieb. Zu sehen war eine junge Frau, die mit großen Augen auf eine Speisekarte starrte, und der Text dazu lautete: »Ihr Begleiter lächelt ihr über den Tisch zu, denn er ist stolz auf ihre Schönheit und freut sich darüber, daß andere sie bewundern; dann aber bestellt sie beim Kellner zu seiner Verwunderung einen Geflügelsalat. Dies war jetzt das dritte Mal, daß sie beim Essen mit ihm Geflügelsalat bestellt hatte. Er mußte ja glauben, daß sie nicht wußte, wie man die französischen Wörter auf der Speisekarte ausspricht, daß sie nicht wußte, wie man sich des Zubehörs bei Tisch so anmutig bedient, wie sie es gern getan hätte. Aber wußte sie es denn? Nein.« Das Buch brachte es mir auch nicht bei. Offensichtlich mußte ich durch direkten Kontakt mit meinem Lehrer lernen.

Einige Abende später, als ich im Colony an einem Geier herumsäbelte, sprang der mir vom Teller. Ernest, einer der Oberkellner, schaffte ihn hastig fort und kehrte mit einem neuen Vogel zurück, und ich beobachtete, wie er ihn auf dem Anrichtetisch tranchierte. Seit der Zeit waren mir die Reaktionen meiner Dinnerbegleiter egal, und ich ließ mich von den Kellnern darin unterweisen, wie was auf der Speisekarte zu essen sei. Ein Abend stand unter dem Thema »Forellen und wie man sie entgrätet«, einer unter dem Thema »Schnecken und wie man sie aufspießt«, einer unter dem Thema »Artischocken und wie man sie zerteilt« und so weiter, bis wir ans Ende der Speisekarte angelangt waren. Dazu gehörte natürlich ein Dessert in Form des Verständnisses und der richtigen Aussprache der französischen Ausdrücke. Bei dem Dinner, das meiner Abschlußprüfung folgte, verkündete ich Ernest, daß ich nun endlich ein Gericht bestellen wolle, das mir auch wirklich schmeckte – sahnegeschnetzeltes Rind. Ernest schickte einen Pikkolo in einen Delikatessenladen in der Madison Avenue nach einem Glas Rindsgeschnetzeltem, das in das köstlichste Sahnegeschnetzelte auf Toast verwandelt wurde, das ich jemals essen sollte.

Mrs. Bennett, die Schauspielerin Adrienne Morrison, hatte ihre Tochter nach Mariarden geschickt in der Hoffnung, daß die gymnastischen Übungen ihre großen platten Füße und ihre langen dünnen Beine etwas kräftigen würden. Barbara teilte eine Hütte mit mir und zwei anderen Mädchen, mit denen sie sich aber nie recht anfreundete.

Mit Ted Shawn in dem Ballett »The Feather of the Dawn«, 1923

Meine Freundin wurde sie, weil meine seltsamen Angewohnheiten sie zum Lachen brachten. Im Eßsaal saß sie neben mir an einem der Tische, die dort in langen Reihen standen und an denen »diese ekelhaften Bauernfrühstücke« serviert wurden, wie sie das nannte. Nachdem sie tagelang mehrere Tage morgens ihren Kaffee geschlürft, ihren Toast geknabbert und zugesehen hatte, wie ich riesige Portionen Apfeltorte verschlang, begann sie unsere Freundschaft, indem sie mich anlächelte und sagte: »Hallo, Tortengesicht.« Seit dem Augenblick beteiligte ich mich an ihren Bemühungen, ein bißchen Aufregung in ihr gelangweiltes Leben zu bringen. Unter Mißachtung der Regel, daß um neun Uhr das Licht aus sein mußte, lud sie abends ein paar Jungs aus Peterborough in unsere Hütte ein. Sie brachten uns Zigaretten und Apfelschnaps mit. Barbara revanchierte sich, indem sie die Jungs, denen sie allerdings keine sexuellen Freiheiten erlaubte, mit einem beneidenswerten Repertoire von schmutzigen Liedern und Limericks unterhielt. Ich kann mich an jedes Wort erinnern:

In Fairy Town,	In Fairy Town,
In Fairy Town,	Der Tuntenstadt,
They don't go up,	Steigt keiner drauf,
They all go down.	Macht sich jeder platt.
Even the chief of police is queer.	Sogar der Polizeichef ist schwul.
Oops, my dear,	Tschuldigung, mein Schatz,
Listen here,	Aufgepaßt.
The elevators there they say,	Es heißt, daß kein Fahrstuhl
They don't go up,	Da jemals raufkommt,
Just the other way.	Bloß immer andersrum.
Holy Bejesus,	Heiliger Jesus,
There's lots of paresis	Man ist schlecht in Schuß,
In Fairy Town.	In Fairy Town.

Sowie sie meine gefährliche Unwissenheit in sexuellen Dingen und mein anstößiges gesellschaftliches Verhalten erkannt hatte, stellte sich Barbara, vielleicht das einzige Mal in ihrem leidenschaftlichen, leichtsinnigen Leben, in den Dienst eines anderen Menschen: Sie bot ihrer Familie und ihren Freunden die Stirn, um »diese abscheuliche Brooks« zu beschützen und zu belehren. Meine Unterweisung in der Kunst, sich zu kleiden, begann erst, als ich im September nach New York zurückkehrte. Die Denishawn-Proben ließen mir genügend Zeit, das Apartment der Bennetts in der Park Avenue zu besuchen. Eines Morgens wurde mir die Tür von Mrs. Bennett geöffnet. Sie sah mich an, als wäre ich ein streunender Hund, und sagte: »Was machst

du denn hier um acht Uhr früh?« Ich fing an zu weinen, und so ließ sie mich ein, und ich durfte auf dem Sofa warten, bis Barbara aufgestanden war. Wie mitgenommen und unglücklich sah Mrs. Bennett in dem grauen Morgenrock und ohne Make-up aus. Kein bißchen wie auf den eleganten Modefotos in »Vogue«. Und dieses wunderschöne Wohnzimmer war ihr Werk – nicht überladen, war es ganz in Weiß gestaltet, mit wenigen dunklen Tupfern, wie ein chinesisches Gemälde. Es hatte keine Ähnlichkeit mit den üblichen vollgestellten Zimmern der Reichen, die mich abstießen. Und doch machte das Zimmer einen ungeliebten, vernachlässigten Eindruck – wie Mrs. Bennett.
Nach einer Weile kam Barbaras schöne jüngere Schwester Joan mit ihren Schulbüchern herein und setzte sich an den Sekretär am Fenster, um zu lernen. Barbaras schöne ältere Schwester Constance hatte gerade erst ihre Karriere begonnen, aber ihr Ruf als bestgekleidete und hochmütigste Schauspielerin des Films war bereits etabliert. Alle drei Bennett-Töchter hatten die breiten Wangenknochen ihres Vaters Richard Bennett und schöngeschnittene Augen, aber im Charakter glichen sich die Schwestern in keiner Weise. Constance liebte das Geld. Im Lauf einer Karriere, die bis zu ihrem Tod im Jahr 1965 dauerte, verlangte und erhielt sie Gagen, die denen der Topstars entsprachen. Doch Schönheit, große schauspielerische Fähigkeiten und eine angenehme Stimme konnten den Mangel an jener einen Eigenschaft nicht wettmachen, ohne die alle anderen Talente nicht viel wert waren: Ihr fehlte die Großmütigkeit, jene Liebe zu ihrem Publikum, die einen großen Star macht. Joan dagegen liebte die Sicherheit. Ihre Ehen mit Männern, die über Macht im Filmgeschäft verfügten, garantierten ihr eine erfolgreiche Filmkarriere. Barbara machte eine Karriere aus ihren Gefühlen. Perioden der Arbeit und des Erfolgs endeten im furchterregenden, hemmungslosen Gelächter der Verzweiflung und des Versagens. Nur ihr Tod im Jahr 1958, als ihr fünfter Selbstmordversuch gelang, läßt sich als Erfolg bezeichnen. In dem gedämpft-weißen Wohnzimmer setzte Joan, die immer freundlich zu mir war, ihre Brille auf, um ihr Geschichtsbuch zu studieren. »Eines kann ich nicht verstehen«, sagte ich, »wie kommt es, daß du ohne Brille herumlaufen kannst, wenn du ohne sie nichts siehst?« Joan nahm die Brille ab und lächelte mich an. »Etwas kann ich ohne sie sehen. Zum Beispiel dein langes schwarzes Kleid. Wo hast du bloß dies komische Altweiberkleid her?« – »Eine Frau in einem Laden am Broadway hat es mir verkauft.« Joan mußte lachen. Um elf hörten wir die Geräusche der aufstehenden Bennetts. Wir hörten, wie Constance Barbara wütend anfuhr: »Wenn du noch einmal wagst, dich

heimlich in meinem weißen Chiffonkleid davonzuschleichen, schneid ich dir die Kehle durch.« Wir hörten Richard Bennett singen: »Ich liebe das Leben und lebe so gern«, gefolgt von seinem Auftritt in einem blauen Brokatmorgenmantel und seinem Gang zur Hausbar. Nachdem er einen Whisky geschluckt hatte, wandte er sich mir zu und sagte: »Mein Gott, Joan, wo hast du bloß dies verdammte schwarze Kleid her?« Alkohol und sein schlechtes Sehvermögen führten dazu, daß er mich oft mit Joan verwechselte, die ihre Haarfarbe damals noch nicht in Blond verwandelt hatte. (Mein Haar war schwarz.) Er war bereits wieder in seinem Zimmer verschwunden, als Constance in einem makellos geschnittenen Kostüm in Marineblau durch das Wohnzimmer flog, nachdem sie einen bösen Blick in meine Richtung geworfen hatte, aus der Tür stürmte und einen Duft von Gardenien zurückließ. (Unter den Verhaßten Hollywoods war selbst ich Constance nicht gewachsen, die mir beim Dinner im Strandhaus von Marion Davies gegenübersitzen konnte, ohne auch nur ein einziges Mal meine Anwesenheit mit einem Nicken zur Kenntnis zu nehmen.) Schließlich erschien dann Barbara, und sie trug das beige Gabardinekostüm von Constance. Wir nahmen unseren Lunch in einem Drugstore in der Form von Schokoladen-Milchshakes zu uns; und danach führte sie mich in den smarten Frisiersalon Savelis, wo Saveli persönlich sich meiner Frisur annahm. Er kürzte meine Stirnponys zu einer Linie über den Augenbrauen, formte die Seitensträhnen so, daß sie spitz auf die Wangenknochen zuliefen und gab dem Hinterkopf einen Fassonschnitt. Barbara war zufrieden. »Um ehrlich zu sein, Tortengesicht«, sagte sie, »langsam fängst du an, wie ein Mensch auszusehen.«

Damals machte mich Barbara auch mit einer Gruppe von Wall-Street-Männern bekannt, die es mir ermöglichten, teure Kleider zu kaufen. Diese höchst heirats- und zahlungsfähigen Junggesellen um die Dreißig sahen in den Debütantinnen der Society eine Bedrohung ihrer Freiheit und wandten sich deshalb den hübschen Mädchen vom Theater zu, deren Mütter nicht auf der Jagd nach Ehemännern für ihre Töchter waren. Um diese Zeit begann sich auch eine neue, mondäne Gesellschaft, die »café society« zu bilden. Das Theater, Hollywood und die Society mischten sich bei den monatlichen *Mayfair Dances* im Ritz, wo die Damen der Gesellschaft ihre Rivalinnen vom Theater beäugen und ihnen öffentlich die kalte Schulter zeigen konnten. Alle reichen Männer waren miteinander befreundet und luden sich gegenseitig in ihre perfekt ausgestatteten Apartments an der Park Avenue und ihre Häuser in Long Island ein. Die extravaganten Summen, die sie ihren Freundinnen für Kleider gaben, gehörten mit zu dem Spaß – zu dem Wettbewerb, bei dem es darum ging, wessen Freundin den Titel der »bestgekleideten Frau« davontragen würde. Sexuelles Entgegenkommen gehörte nicht zu den Bedingungen dieser Arrangements, aber es entwickelten sich daraus natürlich viele Affären. Barbara wurde einige Zeit von William Rhinelander Stewart ausgehalten, der ihr einen quadratisch geschliffenen Smaragd von Cartier schenkte. Als wir eines Abends zum Schwimmen auf Caleb Braggs Hausboot »Masquerader« waren, sah sie zu, wie ihr der Ring vom Finger glitt und in den Long Island Sund fiel. Sie konnte Stewart diesen irrsinnig-komischen Vorfall verheimlichen, denn sie kaufte sich einen unechten Smaragdring bei Denis Smith, dessen Juwelenhandel den ahnungslosen Liebhabern unbekannt war. Sie wären aus allen Wolken gefallen, wenn sie gewußt hätten, wie viele ihrer Geschenke dort in Bargeld und Talmi verwandelt wurden. Wir betrieben wahrlich ein herzloses Geschäft. Nachdem ich von Jaeckel's einen Hermelinmantel bekommen hatte, das Geschenk des Börsenmaklers John Lock, durfte der mich einmal zu einem »tea-dance« ins Biltmore Hotel ausführen.

Wenn ich 1924 allein einkaufen ging, endete das immer verhängnisvoll. Ich kaufte alles, was eine geschickte Verkäuferin mir andrehte. Ein kindisch-kurzes rosa Kleid war schuld daran, daß ich aus dem Algonquin Hotel hinausgeworfen wurde. Als im Mai die Denishawn-Tournee zu Ende war, verfrachtete mich Barbara in dieses Hotel, denn sie meinte: »Im Algonquin lernst du einflußreiche Leute kennen, und du willst doch nicht dein ganzes Leben auf Tourneen deine Kostüme waschen und bügeln.« Mir waren einflußreiche Leute schnurzegal, und ich haßte mein kleines, dunkles Zimmer mit dem Messingbettgestell. Das Algonquin gehörte Frank Case, einem großen schlanken Mann mittleren Alters, der sich häufig in der Lobby unter seinen Gästen aufhielt. Eines Nachmittags, als ich aus dem Fahrstuhl trat, sah ich ihn dort auf mich warten.

»Wie alt sind Sie, Miss Brooks?« fragte mich Mr. Case. »Siebzehn«, sagte ich. »Sind Sie sicher, daß Sie nicht vierzehn sind?« – »Ja.« – »Wissen Ihre Eltern, daß Sie hier sind?« – »Ja.« – »Es ist nämlich so«, sagte Mr. Case und führte mich vom Fahrstuhl fort. »George Cohan hat mich eben angerufen und mir erzählt, daß er letzte Nacht mit einer schwarzhaarigen Vierzehnjährigen, die ein kurzes rosa Kleid trug, im Fahrstuhl heruntergekommen ist. Wohin sind Sie um zwei Uhr morgens gegangen?«

»Ich hatte eine Verabredung mit Barbara Bennett.«

»Es ist nämlich so«, sagte Mr. Case erneut und sah mich mißbilligend an. »Sie erregen einen Skandal im Hotel, und das darf nicht so weitergehen. Ich habe deshalb Ihren Umzug ins Martha Washington veranlaßt, das ist ein respektables Hotel für Frauen auf der East 29. Straße, das ist für Sie viel besser geeignet. Wann können Sie umziehen?«
»Auf der Stelle«, sagte ich.
Während ich meine Koffer packte, mußte ich mich über mich selbst ärgern. Dieser erniedrigende Rausschmiß wäre mir erspart geblieben, wenn ich ein elegantes, raffiniertes Kleid mit Hut getragen hätte.
Die Atmosphäre im Martha Washington Hotel hatte etwas von einer Anstalt. Die Frauen trugen kurzes Haar, Kostüme, vernünftige Schuhe und arbeiteten, wie ich annahm, in Büros. Zwei Wochen, nachdem man mir eine Zelle unter dem Dach zugewiesen hatte, kam ich einmal in den düsteren, fast leeren Speisesaal zum Tee. Zu meiner Überraschung saß dort, ganz allein an einem großen Tisch, der exotische Star des Films *Java Head,* Jetta Goudal. Während ich ein Schinken-Sandwich aß und meinen Eistee trank, beobachtete ich, wie sie an ihrem Tisch eine Gruppe von Mädchen empfing, von denen manche ihr Geschenke mitgebracht hatten. Besonders freute sie sich über einen handgearbeiteten Schal aus weißer Wolle, den sie sich gleich um die Schultern warf.
»*Wohnt* denn Miss Goudal hier?« fragte ich die Kellnerin.
»Ja, Miss.«
»Hat sie heute Geburtstag?«
»Nein, Miss. Das ist einmal im Monat so. Diese Mädchen da sind ihre Fans.«
Ehe ich dazu kam, noch weiter in die Geheimnisse von Miss Goudals Teeparties einzudringen, wurde ich aufgefordert, das Martha Washington zu verlassen, weil Leute in dem Gebäude, von dem aus man auf das Hotel herabsehen konnte, schockiert waren, mich auf dem Dach bei meinen Übungen in »durchsichtigen Pyjamas« zu sehen. Innerhalb eines Monats hatte meine Garderobe dazu geführt, daß ich aus zwei Hotels rausflog. Diesmal nahm ich die Sache selbst in die Hand und zog ins Wentworth, ein unprätentiöses Hotel für Theaterleute in der West 46. Straße.
Mein Garderobenproblem hatte sich zugespitzt. Den gewöhnlichen Verkäuferinnen konnte ich nicht trauen, und die Kleider, die den schlanken langbeinigen Bennetts standen, sahen an meiner kleinen Tänzerinnenfigur schrecklich aus. Eines Abends sah ich in einem Theaterprogramm ein Foto von Marilyn Miller, dem Ziegfeld-Star;

sie posierte in einem umwerfenden Abendkleid von Milgrim, einem mondänen Geschäft, das sich damals auf dem Broadway an der 47. Straße befand. Am nächsten Morgen nahm ich mir fünfhundert Dollar in bar, ging zu Milgrim's und gab sie Miss Rita, einer Verkäuferin aus der Bronx, die nie zuvor in ihrem Leben ein solch unverblümtes Geständnis der Ignoranz in Sachen Kleidung erlebt hatte. Wir konnten beide nicht ahnen, daß ich 1926 mit meinem Foto in Theaterprogrammen für Milgrim Reklame machen würde; aber sie spürte eine außergewöhnliche Intensität in dieser Kundin, die ein Chorusgirl zu sein schien, über das plötzlich der Reichtum hereingebrochen war. Während ich mir die Mannequins ansah, die Abendkleider vorführten, studierte sie eingehend mein Gesicht, meine Figur und meine Bewegungen. Nachdem ich alle gesehen hatte, wählte sie für mich ein Abendkleid mit Röhrenperlen aus weißem Kristall und einen silbernen Abendmantel mit weißem Fuchskragen. Bei meiner ersten Anprobe traf ich auf eine überschwengliche Italienerin, die meine Abendkleider fast bis zum Nabel dekolletierte, weil ich kleine, feste Brüste hatte. Meinen Rücken ließ sie ganz frei. Saß ich im Restaurant oder im Nachtclub an einem Tisch, bot ich einen fast nackten Anblick. Miss Rita wählte für meine Nachmittagskleider Pastelltöne in Crêpes aus Seide und Satin. Meine Kostüme wurden schlicht und streng von Gus geschneidert, der mich mit Nadeln piekste, wenn ich nicht stillstehen wollte. Endlich hatte mein geliebtes New York eine Louise Brooks zum Vorzeigen, die weder Kansas, noch Broadway, noch Hollywood, noch Park Avenue war: Sie war ganz und gar sie selbst. Ende 1924 wurde ich Chorusgirl in *George White's Scandals,* und im Jahr darauf bekam ich eine eigene kleine Tanznummer in den *Ziegfeld-Follies*.
1925 wohnte ich dann im Marguery, einem Apartment-Hotel in der Park Avenue an der 47. Straße, in einem großen Zimmer, von dem man auf drei schöne Schwarzfichten sehen konnte, die friedlich im Hinterhof knarrten. Derselbe John Lock, der mir den Hermelin geschenkt hatte, hatte mir auch eine Reitausrüstung geschenkt, einschließlich des Reitunterrichts in der Durland-Reitschule in der 79. Straße. Mein Reitlehrer Hugo war früher Pferdebursche eines deutschen Kavallerieoffiziers gewesen. Er war klein und stämmig und machte deshalb eine gute Figur zu Pferde. Ich hatte solch eine schlechte Haltung im Sattel, daß er es jedes Mal für ein Wunder hielt, wenn die ruhige kleine Stute Beauty mich sicher über die Straße Central Park West zum Reitweg im Central Park getragen hatte. An einem milden Dezembermorgen, während wir auf dem Reitpfad »uptown« ritten, überreichte ich Hugo mein wöchentliches Geschenk,

eine Flasche Brandy. Denn außer ohne seine Pferde leben zu müssen, fürchtete Hugo nichts so sehr, wie in diesem unseren Lande der Prohibition ohne Alkohol leben zu müssen und sich im scheußlichen Zustand der Nüchternheit zu befinden. Irgend etwas in ihrem Pferdeverstand veranlaßte Beauty, diese Gelegenheit unserer üblichen Brandy-Zeremonie zu nutzen und davonzulaufen. Anstatt mich zu retten, blieb Hugo im Trab hinter mir zurück, schüttelte sich vor Lachen und überließ meine Rettung zwei berittenen Polizisten, die links und rechts neben mir galoppierten, mir die Zügel aus der Hand rissen und Beauty zum Halten brachten.

Als später am gleichen Morgen Mrs. Gard mir meine wöchentliche Massage verabreichte, mußte ich mit ihr noch über meine kümmerlichen Reitkünste und Hugos unritterliches Verhalten lachen. Sie war eine der wenigen Menschen, die mich liebten. Und komischerweise liebte ich sie auch. Ich liebte ihre korpulente Figur in dem engen schwarzen Kittel und das freundliche, rote irische Gesicht unter dem altmodischen Hut, den ein Vogelflügel schmückte. Ich liebte die Zärtlichkeit, mit der sie meinen Nacken »knackte« und mir dabei fast den Kopf abriß, und ihre Sorgen wegen meiner zu kurzen Schuhe, die mir »Horn« an den Fersen wachsen ließen. Ich konnte sie nie dazu verführen, mir Klatsch über ihre prominenten Klienten zu erzählen – zum Beispiel über Mrs. William Randolph Hearst, deren Ehemann öffentlich mit dem Filmstar Marion Davies zusammenlebte. Aber ebensowenig äußerte Mrs. Gard jemals ihre Sorgen darüber, wie unbekümmert ich meinen Körper zur Verfügung stellte, an dem sie schwitzend arbeitete und so zu seiner verführerischen Wirkung beitrug. Dennoch konnte ich diese Sorge in ihrer Stimme hören, wenn sie sich nach dem neuen Bibermantel erkundigte, den ich über den Stuhl geworfen hatte. »Ach der«, sagte ich, »den hat mir Walter Wanger geschickt.« Als gute Katholikin wußte sie, daß Walter verheiratet war. Damals spielte ich gerade eine Badeanzugschönheit in *The American Venus,* einem Film, der in Astoria, Long Island, im Studio der Famous Players-Lasky gedreht wurde; Wanger war Manager im New Yorker Büro der Famous Players-Lasky (aus der später die Paramount entstand), bei der ich kurz zuvor einen Fünfjahresvertrag unterschrieben hatte.

Eines Tages, als Mrs. Gard gerade gegangen war, und ich, nach Kampferöl riechend, in einem flauschigen Bademantel im Bett saß, klingelte das Telefon und meldete mir den Besuch von Ruth Waterbury, einer Redakteurin der Zeitschrift »Photoplay«. Die Publicity-Abteilung des New Yorker Paramount-Büros gab mir keine Hilfestellung im Umgang mit der Presse. Mit den New Yorker Journalisten, die ich als Chorusgirl kennengelernt hatte, kam ich gut aus. Aber ich sah gleich, daß ich in Schwierigkeiten steckte, als Ruth Waterbury aus Hollywood mein Zimmer betrat, denn sie sah sehr überrascht und höchst unerfreut aus, als sie mich im Bett liegen sah. Sie hatte offensichtlich erwartet, von mir ins schicke Marguery-Restaurant zum Lunch eingeladen zu werden. Ich konnte sie schlecht bitten, so lange zu warten, bis ich mein Bad genommen und mich angekleidet hatte; also fragte ich sie, ob es ihr recht sei, Lunch in meinem Zimmer servieren zu lassen. Sie antwortete irgendwas in der Art, daß sie keinen Hunger habe, rückte einen Stuhl ans Bett, setzte sich und holte Notizblock und Bleistift aus ihrer Handtasche hervor. Mit jener kostbaren Eigenschaft der Jugend ausgestattet, gleichgültig jedem Tadel zu sein, der von Leuten kommt, die man nicht bewundert, konnte es meine Haltung durchaus mit einer Stunde von Miss Waterburys Feindseligkeit aufnehmen. Ihre Methode, mich zu interviewen, bestand darin, die von der Publicity-Abteilung verbreitete Geschichte meines »plötzlichen Erfolges« zu wiederholen, in der Hoffnung, dann schreiben zu können, daß ich mit Verzückung darauf reagierte, nach Hollywood zu gehen. Sie hörte auf, sich Notizen zu machen, als sie feststellen mußte, daß der Zauber Hollywoods mich nicht überwältigte, daß ich Ziegfeld gar nicht hatte verlassen wollen, sondern mich vielmehr von dem Drehbuchautor Townsend Martin hatte überreden lassen, eine Rolle in seinem Film *The American Venus* zu spielen. Während sie in mir das »dumme Chorusgirl« sah, das ihr erstaunliches Glück gar nicht zu schätzen wußte, hielt ich sie für künstlerisch zurückgeblieben, da sie keinerlei Vorstellung davon hatte, daß es keine bessere Vorbereitung für die »beweglichen« Bilder gab, als zehn Jahre als Tänzerin gearbeitet zu haben. Sie erzählte mir, wie wunderbar es doch sei, von einer kleinen Rolle in *The American Venus* zu einer Hauptrolle als Partnerin des großen Stars Adolphe Menjou aufzusteigen, in dem Film *A Social Celebrity* unter der Regie des Wunderkinds der Salonkomödie, Malcolm St. Clair. Ich fragte sie, ob sie jemals Ruth St. Denis und Ted Shawn habe tanzen sehen, oder ob sie von Martha Grahams sensationellem Erfolg in den *Greenwich Village Follies* gehört habe. Hatte sie natürlich nicht. Damals konnte ich noch nicht wissen, daß dieser kleine Zusammenstoß mit Ruth Waterbury nur eine erste Manifestation jener Verachtung war, die mich schließlich aus Hollywood vertreiben sollte.

2 Vor Ort: Außenaufnahmen mit Billy Wellmann

Im Frühjahr 1925, als ich achtzehn Jahre alt war, boten mir gleich zwei Filmgesellschaften einen Fünfjahresvertrag an: Metro-Goldwyn-Mayer und Paramount. Ich wußte nun nicht, was ich mit diesen Verträgen machen sollte, die mich ja beide von meinem Wunschtraum, eine große Tänzerin zu werden, abbringen würden, und wandte mich deshalb ratsuchend an meinen besten Freund Walter Wanger. Was für ein lieber Kerl er damals war: ein brillanter, fröhlicher junger Mann von Welt, der sich sein zartes Herz bewahrt hatte. Er lernte mich kennen, als ich Tänzerin in den *Ziegfeld-Follies* war, und er nahm mich unter seine Fittiche, nachdem er meine blasierte Überheblichkeit als Maskerade durchschaut hatte. Es amüsierte ihn, zu sehen, daß das dekadente, schwarz-weiße Aubrey-Beardsley-Makeup ein Gesicht verdeckte, das von Kansas-Sommersprossen gesprenkelt war. Es weckte sein Mitgefühl, als er erkannte, daß mein kühnes Dekolleté aus glitzernd-weißen Pailletten in Wirklichkeit der Versuch war, meine kindliche Unsicherheit zu verbergen. Wenn Wanger mir zu diesem entscheidenden Zeitpunkt meiner Karriere etwas Vertrauen in meine Leinwandpersönlichkeit und meine schauspielerischen Fähigkeiten gegeben hätte, hätte er mich vor den Prankenhieben all der Bestien, die durch Hollywood und über den Broadway pirschten, retten können. Da er aber nicht zu begreifen vermochte, daß ich meiner Schönheit und meiner sexuellen Anziehungskraft keinen Wert beimaß und sie nicht als Mittel zum Erfolg einsetzen konnte, beriet er mich statt dessen so, als wäre meine Karriere von nichts anderem abhängig.

Bei einem Abendessen in Wangers Apartment erzählte ich ihm von den beiden Filmangeboten. Ich war mir so sicher, daß er mir raten würde, den Paramount-Vertrag zu unterschreiben, daß der Schock, den seine unerwartete Reaktion meinem Gefühl versetzte, mir die Szene lebendig im Gedächtnis erhalten hat. Ich kann noch den Stolz fühlen, den ich auf mein neues schwarzes Samtkostüm und die Smaragdmanschettenknöpfe empfand, rieche noch den Duft der rostroten Chrysanthemen in der Kristallvase auf dem Tisch, sehe immer noch das glühende Rot und Purpur des Obstkompotts in der Silberschale auf Eis. Das Kompott habe ich nicht angerührt.

Ich griff gerade nach meinem Löffel, als Walter sagte: »Du mußt den Vertrag mit der M-G-M unterschreiben.« Sprachlos sackte ich in meinem Stuhl zurück und fing an zu weinen. »Siehst du denn nicht, daß deine Freundschaft mit mir dich bei der Paramount in eine Lage bringen würde, in der du gefährlichen Angriffen ausgesetzt wärst?« sagte er. »Alle würden annehmen, daß du den Vertrag mir verdankst, und alle Produzenten würden dich dementsprechend behandeln. Wenn du bei der M-G-M unterschreibst, kannst du ganz neu anfangen – völlig unabhängig und selbständig.«
Aber ich sah das nicht. »Das sagst du nur, weil du mich nicht bei der Paramount haben willst«, sagte ich schluchzend. »Und du hältst mich für eine schlechte Schauspielerin.«
Lachend protestierte er: »Nein, nein. Ich sag das nur, weil du nicht selbst auf dich aufpassen kannst. Eigentlich solltest du am besten heiraten.«
»Heiraten!« sagte ich und brach erneut in Tränen aus, von Wimperntusche schwarzgefärbt. »Da, siehst du? – Du magst mich ja nicht einmal.«
Meine völlige Mißdeutung von Walters Rat und Warnung machte es unumgänglich, daß ich den Paramount-Vertrag unterschrieb. Und einige Zeit stand er auch als falscher Prophet da. Ich war immer willkommen in seinem Büro, wo meine Probleme mit dem Studio sich eher in Heiterkeit auflösten, als daß sie ernsthaft behandelt worden wären. Als ich dann im Juli 1926 tatsächlich heiratete, und zwar den Regisseur Edward Sutherland, segnete Walter das Ereignis mit einem Cocktailservice aus Sterlingsilber von Cartier. 1927 überzeugte er mich davon, daß ich keine Angst zu haben und mich nicht verloren zu fühlen brauchte, als das Astoria-Studio geschlossen und ich aus dessen freundlicher Intimität fortgeschickt wurde in die Fabrikkälte des Hollywood-Studios. Dann aber verließ Walter in der ersten Hälfte des Jahres 1928 die Paramount, und ich hatte keinen einzigen Menschen mehr im Studio, der mir wohlgesonnen war. Produktionschef war B. P. Schulberg, den ich nicht kannte. Er war in diese Position katapultiert worden, weil er Clara Bow unter persönlichem Vertrag hatte. Mit den Filmen *Mantrap* und *It* war sie 1927 zu Hollywoods weiblichem Spitzenstar und Kassenmagneten geworden.
Im April 1928 ließ ich mich von Eddie Sutherland scheiden – ich verließ ein hübsches Haus in Laurel Canyon, wo wir immer viele Gäste gehabt hatten, und vertauschte es gegen eine einsame Suite im Beverly Wilshire Hotel. Starrte ich auf meinen Namen, der in Leuchtbuchstaben über dem Wilshire Theatre stand, war es mir, als läse ich

eine Anzeigetafel meiner Isolation. Eines Tages, dachte ich mir, würde ich für immer aus Hollywood davonlaufen. Nicht nur auf Zeit davonlaufen, wie ich es jedes Mal nach Abschluß eines meiner Filme tat, sondern für immer.

Als das Studio mich im Mai brauchte, um mit der Produktion von *Beggars of Life* unter der Regie von William Wellmann zu beginnen, mußte man mich erst aufspüren: Die Fährte führte von Hollywood nach New York und weiter nach Miami, dann nach Havanna und Palm Beach und schließlich nach Washington, wo ich George Marshall besuchte, dem die Profi-Footballmannschaft der Redskins gehörte. Während Billy Wellmann auf die zwangsweise Rückführung einer anscheinend widerspenstigen Schauspielerin wartete, die er gar nicht kannte, kam er zu dem unglücklichen Schluß, daß ich – da mein Verhalten nicht dem anderer Schauspieler entsprach, die die Studios heimsuchten und nach Rollen lechzten – überhaupt nicht daran interessiert sei, Filme zu drehen. Weil er nicht wußte, daß im New Yorker Studio, in dem ich meine Karriere begonnen hatte, Zuträgerei nicht als Tugend galt, und weil ich nicht bemerkte, daß schlaue Schauspieler sich mit schmeichelnder Aufmerksamkeit werbend um Produzenten, Regisseure und Autoren bemühten, entstand zwischen uns eine kühle Atmosphäre, die keiner von uns beiden vertreiben konnte. Auch meine harte Arbeit und die Bereitschaft, unter seiner Regie gefährliche Stunts zu drehen, änderten nichts an Billys abschließendem Urteil. In der Bar von Tony's Restaurant fragte er mich 1932: »Warum hast du die Filmarbeit eigentlich immer gehaßt, Louise?« Das waren die letzten Worte, die ich von ihm hörte. Davor hatte dieser komplizierte Mann mir noch eine Rolle in *The Public Enemy* angeboten, das Angebot dann aber an Jean Harlow weitergegeben, als ich es ablehnte, weil ich lieber eine Reise nach New York machen wollte. Von seinem eigenen Erfolg in Hollywood verhext, konnte er sich nicht vorstellen, daß ich den Ort haßte. So war es nicht überraschend, daß Billy mich eher mit Argwohn als mit Herzlichkeit begrüßte, als wir uns zum ersten Mal begegneten, und zwar im Atelier, wo ich mit Richard Arlen Probeaufnahmen für *Beggars of Life* machen sollte. Ich war meinerseits argwöhnisch wegen der Probeaufnahmen. Für keinen Film vorher hatte man von mir Probeaufnahmen verlangt. Billy erklärte, daß Benjamin Glazer, der das Drehbuch geschrieben hatte und die Dreharbeiten überwachte, meinte, daß ich eine »zu hohe« Stirn hätte, die ohne meine Ponyfrisur nicht gut zu fotografieren wäre; und diese Frisur paßte nicht zu einem Aspekt meiner Rolle – zu meiner Verkleidung als Junge.

In »Beggars of Life«, 1928

In den zwanziger Jahren galt niemand auch nur im entferntesten als guter Regisseur, wenn er seine Schauspieler nicht dazu bringen konnte, richtige Tränen zu weinen; und kein Schauspieler galt als gut, wenn er nicht auf Verlangen richtige Tränen vergießen konnte. Tränen ohne ein verzerrtes Gesicht! Glücklicherweise hatte ich diese Kunst von meiner Mutter mitbekommen, deren sanfte, haselnußbraune Augen beim geringsten Grund zur Traurigkeit überflossen – vom Geruch angebrannter Bohnen bis zu einem Wagnerschen Leitmotiv. Billy war in dieser Szene jedoch nicht nur an meinen Tränen interessiert. Er wollte auch Dick weinen sehen, und bei Dick flossen keine spontanen Tränen. Er war mit seinen liebevoll eingeschmutzten Tramp-Klamotten und einem Dreitagebart, den er sich begeistert hatte wachsen lassen, ins Atelier gekommen, aber vor der Kamera gelang es ihm nicht, auch nur eine einzige Träne hervorzuquetschen. Während die heißen Scheinwerfer das Innere des Heuschobers in einen Backofen verwandelten, drehte Billy die Szene immer wieder, entschlossen, Dick zum Weinen zu bringen, und wenn es den ganzen Tag dauern sollte – und das tat es dann auch. Irgendwann nach sechs Uhr nahm er Zuflucht zu der erfundenen Geschichte, daß Dicks Mutter im Sterben liege. Richard weinte. Aus Dankbarkeit inszenierte Billy die Szene so gut, daß sie ohne weiteres Retake in den Film übernommen werden konnte, und meine »zu hohe« Stirn war vergessen.

Die ersten zehn Tage der Produktion verbrachten wir im Atelier, wo die Szenen im Innern des Farmhauses gedreht wurden. Ich spielte die Adoptivtochter eines ekligen alten Farmers, der mich an einem Sommermorgen, als ich ihm das Frühstück bringe, vergewaltigen will. Ich kann mich aus seinem Griff befreien, greife nach einem Gewehr und erschieße ihn. Während ich alle Vorkehrungen treffe, um als Junge verkleidet davonzulaufen, erscheint ein junger Tramp (Richard Arlen) an der Tür und bittet um eine milde Gabe. Nachdem ich ihm erklärt habe, wie es zum Tode des Farmers gekommen ist, entschließt sich Dick, mir freundschaftlich zu helfen, und wir ziehen gemeinsam los, immer auf der Flucht vor den Steckbriefen, die mein Foto unter der Überschrift GESUCHT WEGEN MORDES zeigen. Billy inszenierte diese Anfangssequenzen von *Beggars of Life* mit einem sicheren Gefühl für den dramatischen Ablauf, der dem Rest des Films fehlte. Das Anfangstempo paßte nicht zu Glazers künstlerischer Konzeption der Tragödie, und so verlor die Handlung danach immer mehr alles Vorwärtsdrängende, ohne daß der Film dadurch inhaltlich gewann. Nur Wallace Beery als der ältere Landstreicher Oklahoma Red rettete mit seinem Auftritt den Film vor den Auswirkungen von Glazers kultivierter Kontrolle. Weder Gott noch Teufel hätten Beerys Gebärdenspiel vor der Kamera auf irgendeine Weise beeinflussen können. Als Junge hatte er sich kurze Zeit als Tramp herumgetrieben und so entwickelte er seine Figur mit Autorität und Einfallsreichtum. Sein Oklahoma Red ist ein kleines Meisterstück.

Am letzten Tag im Mai fuhr Wally mich im Wagen ins kalifornische Jacumba hoch in den Jacumba-Bergen an der mexikanischen Grenze, wo an sechzehn von insgesamt neununddreißig Drehtagen die Außenaufnahmen stattfinden sollten. Ich erstarrte sonst immer vor Angst, wenn jemand schneller als vierzig Meilen in der Stunde fuhr. Aber als ich neben diesem Bären in seinem offenen schwarzen Packard saß, der die tückischen Serpentinen am Berg hinaufraste, genoß ich das als eines der aufregendsten Erlebnisse meines Lebens. Wally fuhr vollkommen entspannt, als ob er mit dem Packard eine Einheit von Beherrschung und Kraft bildete. Als er, um einem Hund auszuweichen, einen Augenblick von der Straße abkam, war ich von meiner eigenen ruhigen Haltung überrascht.

»Du mußt der beste Autofahrer der Welt sein«, sagte ich.

»Nicht nur der beste, auch der sicherste«, meinte er.

Überzeugt davon, daß er wirklich ein mutiger Mann war, sagte ich nun: »Manche Regisseure nennen dich einen Feigling.«

Voll Gelassenheit antwortete er: »Weil ich die Stunts und Kampfszenen nicht selber spiele, für die mein Double engagiert ist. Hast du ein Double für die Außenaufnahmen?«

Ich sagte ja.

»Dann laß dich bloß nicht von dem verrückten Wellmann überreden, irgendwelche Stunts selber zu machen, auch wenn er sagt, daß der Film dadurch besser wird. Das ist großer Quatsch. Kein Mensch, der den Film sieht, wird den Unterschied merken, während du dir leicht den Tod holen kannst oder im Rollstuhl landest.«

Es war sechs Uhr abends und brütend heiß, als wir vor dem Jacumba Hotel hielten, einem grauen, zweistöckigen Gebäude, von dem die Farbe abblätterte und dessen offene Veranda sich abgesenkt hatte. Wally stöhnte angeekelt auf, als wir die schäbige Lobby betraten. Mit Anna, meiner russischen Zofe, die gerade mit dem Zug und meinem Gepäck angekommen war, inspizierte ich im Parterre ein primitives Schlafzimmer mit Bad, das man mir zugewiesen hatte. Als ich in die Lobby zurückkehrte, unterhielt sich Wally mit einem Mann über den provisorischen Flugplatz von Jacumba. 1927 hatte Wally, als ich mit ihm das Lustspiel *Now We're in the Air* drehte, Fliegen gelernt und sich ein Flugzeug gekauft. Jetzt, da er zu dem Schluß gekommen war,

daß er es auf keinen Fall zwei Wochen im Jacumba Hotel aushalten würde, richtete er es so ein, jeden Tag zu den Dreharbeiten von Hollywood einzufliegen. Als ich auf der Veranda saß und ihn in seinem Packard davonbrausen sah, kam ich mir verlassen vor. Der Besitzer des Hotels, ein Mr. Vaughan, meinte, daß es bis zum Eintreffen der übrigen Leute wohl noch eine Weile dauern würde; die fuhren wahrscheinlich mit einer weniger magischen Geschwindigkeit.
Mr. Vaughan gehörte auch der Grund und Boden des ganzen Ortes, ein Gelände von 300 »acres« [etwa 120 Hektar], und er versorgte auch alle Einwohner mit Arbeit – sämtliche vierhundert. Er hatte Jacumba 1919 als Sommerfrische aufgebaut, für die Farmer aus dem Imperial Valley, damit sie der Wüstenhitze entfliehen und in den örtlichen Mineralquellen baden konnten. An der Eisenbahnbrücke von San Diego nach Yuma gelegen, war es ein idealer Drehort für *Beggars of Life,* weil auf der Strecke nur vier Züge pro Tag verkehrten; dadurch blieben viele freie Stunden, in denen unser privater Güterzug vor der Kamera hin- und herfahren konnte. Fotografisch gesehen war die Strecke, die sich in tiefen Canyons die Berge hinabschlängelte, prachtvoll.
Gegen acht traf Billy Wellmann, seine Frau und Dick Arlen in einem Auto der Filmgesellschaft ein. Die Crew und eine Karawane von Lastwagen kam gegen neun Uhr an. Der Bus mit den restlichen Darstellern leerte sich gegen zehn. Es waren zwanzig radaulustige Hobos, waschechte Tippelbrüder, die Billy unter den Landstreichern ausgewählt hatte, und die sich durch die Statistenauftritte beim Film ihre Sauftouren finanzierten. Die Einwohner von Jacumba beobachteten sie mit finsterer Mißbilligung, als sie sich ihren Weg in den Poolsalon neben dem Hotel bahnten. (Sein Besitzer Carlos war auch der Bootlegger* des Ortes.) Trotz des Geldes, das sie aus »diesen Filmleuten« herausholen konnten, paßte es den Einheimischen überhaupt nicht, wie wir ihren Ort mit Beschlag belegten. Die Ankunft der Hobos verstärkte nicht nur ihre Abneigung; auch unter den Filmleuten selbst wurde die Konfliktstimmung angeheizt. In dieser winzigen, abgelegenen Ortschaft Menschen von unterschiedlichster sozialer Herkunft zusammenzuwürfeln, hieß, das Unheil geradezu einzuladen. Als schließlich unsere Außenaufnahmen vor Ort beendet waren, blieb nur noch unser privater Güterzug Gegenstand der Bewunderung und des Respekts.
Wir verliebten uns gleich am ersten Morgen in die Lokomotive 102,

* Slangausdruck für Alkoholschieber während der Prohibitionszeit.

als sie uns mit zwei langen und zwei kurzen Tönen ihres Dampfsignals vom Frühstück im Lunchraum zur Arbeit pfiff. Nachsichtig ließ sie uns überall auf dem Zug fahren – auf dem fächerförmigen »Cowcatcher« vorne an der Lokomotive, im Maschinenraum, auf dem Dach der Güterwaggons, in den Loren und auf den flachen, offenen Güterwagen. Ich fuhr am liebsten im Dienstwagen, mit seinen gemütlichen kleinen Kojen und dem dicken schwarzen Ofen, der in den kalten Bergnächten rot glühte. Wenn der Regieassistent alle durchgezählt hatte, rollte die Lokomotive 102 nach einem mahnenden Läuten ihrer Glocke davon – die Canyons hinauf in einstündiger Fahrt bis Carrizo Gorge, dem zentralen Punkt, von dem aus wir operierten. Wenn die Arbeit bei Sonnenuntergang beendet war, kehrte sie vergnügt zurück, mit bimmelnder Glocke und laut tönender Dampfpfeife. Wenn wir erst nachts mit den Dreharbeiten fertig waren, rollte sie mit dem Wind im Leerlauf bergab in den Ort, und wir lagen alle auf den offenen, flachen Wagen und blickten hoch zu den Sternen, die am schwarzen Himmel schimmerten. Nummer 102 war eine Lok, die ihren Maschinisten, ihren Heizer und ihren Bremser stolz machen konnte. Unter Billys fachmännischer Anleitung lernte sie zahllose Tricks, etwa beim Ändern der Fahrtrichtung und der Geschwindigkeit, oder bei der Abfahrt und beim Halten, und das alles auf die Sekunde genau. Die schwierige Arbeit der Zugbesatzung lehrte die Männer auch unsere Arbeit respektieren, die hart war und gefährlich und ihnen oft auch tollkühn vorkam. Sie waren wie gelähmt von der Gleichgültigkeit, mit der man einen flachen Güterwagen und den Dienstwagen, die aus den Gleisen gesprungen waren, mit der zweiten Kamera in den Abgrund stürzen ließ, wobei der zweite Kameramann nur um Haaresbreite dem Sturz entging. Sie waren entsetzt, als Billy mich überredete, anstelle meines Doubles Harvey auf einen schnellfahrenden Güterwaggon zu springen, der mich fast unter seine Räder riß.

So fasziniert war ich von Billys stillem Sadismus hinter der Kamera, den er als Regisseur besonders in seiner Behandlung von Frauen ausübte, daß ich seine Vergangenheit zu erforschen begann. Von ihm persönlich erfuhr ich nichts, denn er war außergewöhnlich zurückhaltend in der Unterhaltung mit Frauen. Als schlanker, gutaussehender junger Mann ähnelte er eher einem Schauspieler, der sich in seiner Rolle unsicher fühlt, als einem Regisseur. Von Richard Arlen aber, der kürzlich viele Monate mit Billy an dem Film *Wings* gearbeitet hatte, erfuhr ich etwas über Billys Vorgeschichte. Als wir eines Abends mit unseren Szenen früh fertig waren, schickte Billy Dick und mich im Führerstand der Lok 102 ins Dorf zurück. Während ich noch meine Post an der Hotelrezeption abholte, überraschte Dick mich damit, daß er in den Poolsalon stürzte, mit einer Flasche Whisky zurückkam und mich zu einem Drink einlud. Ich war überrascht: einmal, weil Dick der unverdorbene Typ war, der keinen Alkohol anrührte, und zum andern, weil sein gewinnendes Lächeln eine starke Abneigung gegen mich verbarg, die sich meiner Meinung nicht völlig durch die Tatsache erklären ließ, daß er, als wir 1927 gemeinsam den Film *Rolled Stockings* drehten, in seiner Eitelkeit schnell bemerkt hatte, daß ich seine schauspielerischen Fähigkeiten nicht gerade bewunderte. Mit dem Motiv, das ich hatte und zu dem jetzt noch meine Neugier auf sein Motiv hinzukam, setzte ich mich mit ihm auf eine speckige braune Ledercouch in der Lobby. Der Nachtkellner stellte einen Krug mit Eiswasser und zwei Gläser auf eine alte Klavierbank, die als Couchtisch diente. Dick goß uns zwei kräftige Drinks ein und begann mit seinem vergötterten Bericht über Billys Karriere, der wie folgt lautete:

1917 geriet Billy wie viele andere unerprobte Helden von neunzehn Jahren in den Bann der gloriosen Publizität, die der Lafayette Escadrille zuteil wurde, jener Staffel amerikanischer Piloten, die gemeinsam mit den Franzosen im Ersten Weltkrieg kämpften. Diese stark ausgeschmückten Geschichten von Superhelden wurden in der Absicht verbreitet, die Vereinigten Staaten zum Kriegseintritt zu bewegen, und sie veranlaßten Billy, sich einem französischen Ambulanzkorps anzuschließen; da Frankreich keinen Fahneneid verlangte, brauchte er deshalb auch nicht seine amerikanische Staatsbürgerschaft aufzugeben. Nachdem er ins französische Fliegerkorps übergewechselt war und »einige« deutsche Flugzeuge abgeschossen hatte, kehrte er 1918 in die Vereinigten Staaten zurück und bildete am Rockwell Field in San Diego Kadetten aus. Sein Croix de Guerre und der Ruhm der Staffel Lafayette, die ihn zum Helden in Hollywood machten, waren die Grundlage, auf der er seine Karriere aufbaute. Vom Schauspieler wurde er zum Regieassistenten, dann zum Western-Regisseur, und 1926 wurde er als Regisseur für *Wings* ausgewählt, einen Film über den Ersten Weltkrieg. Der spektakuläre Erfolg dieses Films etablierte ihn als Spitzenregisseur und verknüpfte seinen Namen für immer mit der Fliegerstaffel Lafayette.

Im September 1927 veröffentlichte die Zeitschrift »Motion Picture« unter dem Titel *Warriors of the Sky* einen Artikel über *Wings*, und darin hieß es, daß der Regisseur »William Wellmann, früher Angehöriger der Staffel Lafayette, im Krieg verwundet und ausgezeichnet worden ist«. Als im »Esquire« vom März 1953 unter dem Titel *Roman*

Mit Richard Arlen in »Beggars of Life«

Candle of M-G-M ein Interview von Ezra Goodman mit Wellmann erschien, waren Billys Erlebnisse bei der Lafayette Escadrille inzwischen schon zu Eskapaden von bewundernswerter Einmaligkeit geworden. Dann erschien 1964 im Verlag Random House das Buch *The Lafayette Escadrille* von Herbert Molloy Mason, Jr. Nirgendwo im Text taucht der Name William A. Wellmann auf, und Mason geht auf die Tatsache ein, daß »bis zum Jahr 1931 mehr als 4000 Männer fälschlicherweise geltend gemacht hatten, am Ruhm der Staffel Lafayette beteiligt gewesen zu sein«. Auf den letzten Seiten seines Buches nennt Mason amerikanische Piloten, die in anderen französischen Einsatzstaffeln geflogen sind. In dieser Liste erscheint der Name von Sergeant William Wellmann, der bei der Staffel Squad 87 diente und zwei deutsche Flugzeuge abschoß. Billy beendete seine Karriere als Regisseur 1958 mit einem Film, den er auch selbst geschrieben hatte – *Lafayette Escadrille.* Zwei Jahre nach der Veröffentlichung von Masons Buch erschien in der Juli-Ausgabe der Zeitschrift »Cinema« aus Beverly Hills ein Interview mit Wellmann. Auf die Frage nach dem Film *Lafayette Escadrille* antwortete Billy, der habe nichts mit der Staffel Lafayette zu tun. Auf die Frage, ob er der berühmten Staffel Lafayette angehört habe, sagte er: »Ich war Angehöriger des Fliegerkorps Lafayette.«

Aber auch als Dick mir 1928 die Wellmann-Story erzählte, konnte ich sie nicht so recht glauben. Meine Helden waren Männer der Tat, die dem Tod so unbeirrt nachjagten wie Tommy Hitchcock, der Held aus Billys eigener Staffel, der Squad 87. (Hitchcock starb dann schließlich an den Folgen eines Sturzes auf dem Polofeld.) Da Dick meine fehlende Begeisterung spürte, versuchte er, seine Position als Autorität in Sachen Fliegerhelden dadurch zu stärken, daß er hinzufügte, er selbst sei im Ersten Weltkrieg bei der Royal Air Force geflogen. Ich lachte ihn aus. »Wirklich, Dick«, sagte ich, »es fällt mir schwer zu glauben, daß du, als amerikanischer Junge des Jahrgangs 1900, bei der RAF hättest fliegen können, in einem Krieg, der im November 1918 zu Ende war.«

Bei der für ihn ungewohnten Dosis schwarzgebrannten Whiskys bedurfte es nur noch dieser Bemerkung, um das auszulösen, was unmißverständlich ein vorbereiteter Angriff war. Sein Mund zuckte, als er näher an mich heranrückte, um seinen Monolog zu halten. »Wirklich eine böse Sache, deine Scheidung von Eddie Sutherland, der so ein guter Kerl und so ein guter Regisseur ist«, sagte er. »Jetzt, wo du nicht mehr seine Frau bist, erwarten alle, daß die Paramount dich feuert. Die wissen bloß nicht, daß du der Liebling der Chefetage bist.« Er unterbrach sich mit einem philosophischen Seufzer. »Komische Sache. Ich arbeite schon drei Jahre bei der Paramount – und als verdammt guter Schauspieler dazu – und kriege immer noch nur miese dreihundert Dollar die Woche, während du in deinem verdammten Lincoln-Stadtwagen mit der verdammten ›Schwarz-Satin‹-Lackierung rumfährst. *Du* – Mensch, du kannst ja nicht mal spielen! Du siehst nicht einmal gut aus! Du bist eine lausige Schauspielerin und deine Augen stehen viel zu dicht zusammen.« Und nachdem er mich und meinen Lincoln verwünscht hatte, stand Dick auf, schnappte sich seine Flasche Whisky und schwankte aus der Lobby.

Am folgenden Morgen hatten Dick und ich drehfrei. Als wir uns an dem großen, zementierten Swimmingpool trafen, um den der Ort errichtet war, hatte er wieder sein Lächeln eines netten jungen Mannes im Gesicht, und mit keinem Wort wurde der Vorfall vom vergangenen Abend erwähnt. Um sich in seiner Selbstgefälligkeit bestätigen zu lassen, gab er vom Turm eine Vorstellung seiner Sprungkünste, während

Jack Chapin und ich auf einer Bank saßen und zusahen. Jack war der siebzehnjährige Bruder von Billy Wellmanns Frau Marjery, die auch unser Scriptgirl war. Wie sie war auch Jack ein großer, hübscher Rotschopf. Er war als Hobo-Komparse für den Film engagiert, hatte sich aber mir als eine Art Page angeschlossen und für sich entschieden, nicht zu arbeiten, wenn ich nicht arbeitete. Daß er seine Beziehung zu Wellmann ausnutzte, wurde von den Hobos öffentlich verurteilt, auch von meinem Double Harvey, der sich am Pool zu uns gesellte, während Dick seine Vorstellung gab. Mit einem Blick hatte Harvey Dicks Fähigkeiten abgeschätzt und kletterte sogleich auf den Zehnmeterturm, um mit einer Serie von Sprüngen zu beginnen, die Dick zu uns auf die Ruhebank schickten und mich entzückten. Von der Vulgarität des Gesichts und der Gedanken, die er, wie ich wußte, besaß, haftete nichts mehr diesem Harvey an, der seine Bögen und Schrauben in der Luft mit der Grazie eines mutwilligen Vogels im Fluge ausführte. Als Harvey mit seinem Triumph über Dick zufrieden war, kam er auf eine Coca-Cola zu uns herüber. »Warum bist du eigentlich nicht draußen mit den übrigen Hobos bei den Dreharbeiten?« fragte er Jack. Jack antwortete, er sei *kein* Hobo, und außerdem habe er sich den Rücken verletzt.

»Ach ja?« grinste Harvey höhnisch und gab ihm ein paar Schläge zwischen die Schultern. »Mir kommt er ganz okay vor.«

In jener Nacht arbeiteten wir im »Hobo-Dschungel«, einem tiefen Abgrund in Carrizo Gorge. In der Mitte befand sich eine aus Felsen errichtete Feuerstelle, an der wir uns versammelten, wenn wir in einer Szene nicht gebraucht wurden. Ein Hobo, der auf den Namen Tiny hörte und vierhundert Pfund wog, saß auf einem Felssitz, der extra für ihn neben dem Feuer gebaut worden war. Weil Tiny sich nur sehr schwerfällig bewegen konnte, hatte Billy ihn fürsorglich zum Hüter des Feuers und zum Koch des Kaffees bestimmt, und den hielt er in einem enormen Steinguttopf auf dem Grill über dem Feuer immer dampfend heiß. Nebenbei sammelte und verbreitete Tiny noch sämtlichen Klatsch. Während Jack und ich uns die Geschichte anhörten, wie die Hobos sich heftig über die steigenden Schnapspreise im Pool salon aufgeregt und deshalb Carlos mit seinen eigenen Billardstöcken verprügelt hatten, schrie jemand »Jack! Jack!« von der Kuppe über dem Abgrund, wo Billy eine Szene mit Wally Beery drehte. Da er annahm, daß Billy ihn brauchte, kroch Jack die steile Anhöhe hinauf und verschwand im gleißenden Licht der Bogenlampen gerade in dem Augenblick, als der Schauspieler Robert Perry sich zu uns ans Feuer setzte. Gewöhnlich ließen ihn alle Dinge (einschließlich seiner feinen darstellerischen Leistung in *Beggars of Life)* völlig kalt; aber nun war er kindisch glücklich, als er aus seiner Jackentasche eine Flasche Scotch hervorholte, mit der er die Prohibition überlistet hatte.

»Die hab ich über die Grenze geschmuggelt, aus Mexicali«, sagte Perry. »Dieser Räuber Carlos kann ruhig seinen Poolsalon dicht machen, das hält mich doch nicht vom Trinken ab.« Dann meinte er noch mit einem verschlagenen Lächeln: »Ich habe da auch ein hübsches Bild von dir gesehen.«

»Ach, wo denn?« fragte ich.

»In einem Puff, über dem Bett dieser Mexikanerin«, antwortete er. »Sie ist ein großer Fan von dir.«

Ein Geräusch lenkte unsere Aufmerksamkeit auf den steilen Abhang: Etwas stürzte krachend mit fallenden Steinen durch die Zwergeichen. Wir sahen, wie Jack sich am Grund des Canyons taumelnd aufrichtete, während von oben höhnische Stimmen riefen: »Und wie geht es jetzt deinem Rücken, Jackie Boy?«

Nach ein paar Minuten kamen Billy und Wally zum Feuer herunter, um einen Kaffee zu trinken. Billy amüsierte sich über Jack, der den Tränen nahe war und murmelte: »Die haben mich straucheln lassen, die blöden Schweine. Die haben mich straucheln lassen.« Wally fand diesen Streich ekelhaft. Er verabscheute alle Faxen, die die Arbeit bei Außenaufnahmen um unnötige Risiken vermehrten. Außerdem hatte die Störung durch den geräuschvollen Streich seine letzte Szene ruiniert. Privat ein zahmer Honigbär, wurde Beery vor der Kamera zum wildesten Bären überhaupt; und als er nun brummte, daß er die Nachtarbeit hasse, daß es kalt sei und daß die Lunchpakete saumäßig seien, erklärte Billy die nächtlichen Dreharbeiten sofort für beendet. Da er viel klüger war als die Regisseure, die Wally zu beherrschen versuchten, ließ Billy ihn seine Szenen spielen, wie er wollte; und so oft es möglich war, ließ er ihn auch arbeiten, wann er wollte.

Um den gefährlichsten und schwierigsten Stunt des Films zu drehen, wartete Billy, bis der Maschinist und die Lok 102 gelernt hatten, professionell auf seine Regieanweisungen zu reagieren. In dieser Szene entdeckt der Bremser Dick und mich in unserem Versteck in einer Lore und zwingt uns, auf eine eiserne Leiter an der Außenseite zu klettern und vom fahrenden Zug zu springen. Für Dicks Double war es ein verhältnismäßig leichter Fall, weil er seinen Sprung auf eine Stelle nur wenig unterhalb der Gleisböschung selbst bestimmte. Mein Double Harvey wurde von Bill aufgefordert, einen gewagten Sprung tief

Während der Dreharbeiten zu »Beggars of Life«, 1928; oben: Richard Arlen (links), Billy Wellmann und Edgar Washington; unten: mit Jim Tully, der das Buch »Outside Looking In« schrieb, nach dem »Beggars of Life« gedreht wurde (links), Wallace Beery und Richard Arlen.

in den Canyon zu machen, einen Sprung, dessen Gefährlichkeit noch gesteigert wurde, weil es so aussehen mußte, als ob Harvey erst fiel, nachdem der Bremser ihm mit einer Stange auf die Hände geschlagen hatte, mit denen er sich an der Leiter festklammerte. Ein Dreißigmetersprung ins Wasser war für Harvey eine Routinesache. Ein Achtmetersprung in einen Felsencanyon war schon etwas anderes. Er war unter der Bedingung einverstanden, daß er den Stunt nur einmal auszuführen brauchte. Ohne Proben. Ohne Retakes. Nur einmal. Zur Vorbereitung fuhr die 102 mit Billy und Harvey die Strecke auf und ab, um eine passende Stelle für den Sturz ausfindig zu machen. Dann entfernte Harvey mit der Crew die Steinbrocken und Zwergeichen von seinem Fallweg den Abhang hinunter und häufte ein weiches Bett aus Erde an der Stelle auf, wo er landen wollte. Danach wurden die Waggons an die Lok 102 angehängt, und Henry Gerrard, unser Kameramann, baute seine Kamera auf dem Dach eines Güterwaggons hinter der Lore auf. Dann fuhr der Zug hin und her, bis die Zuggeschwindigkeit richtig auf die Stelle und den Augenblick des Sprungs abgestimmt war. Wenn Nummer 102 an der Stelle vorbeifuhr, sollte sie einmal scharf tuten, und Billy würde die Sekunden zählen und dann »Los!« brüllen. Auf das Kommando sollte Harvey springen. Erst wurden die Aufnahmen von mir gemacht, wie ich mich an die Leiter klammerte, so daß der Hintergrund meiner Szene dem Hintergrund von Harveys Sprung entsprach. Dann nahm er seinen Platz auf der Leiter ein. Nummer 102 setzte noch einmal zurück, fuhr dann los, gewann schnell an Geschwindigkeit, bis das Signal ertönte; Billy zählte die Sekunden und brüllte »Los!« Harvey fiel in die Schlucht hinab. Niemand sprach, als der Zug an die Stelle zurückkehrte und wir Harvey am Abhang bewegungslos ausgestreckt liegen sahen. Niemand sprach, nachdem der Zug angehalten hatte, bis Billy schrie: »Mein Gott, ich hab ihn umgebracht!« Daraufhin sprang Harvey, voll Freude über seinen Streich, lachend auf und winkte mit den Armen, um zu zeigen, daß er sich keinen Knochen gebrochen hatte. Als er sicher zur Lore zurückgekehrt war, feierten wir alle, außer Billy, der für die Dauer der Produktion Abstinenz geschworen hatte, das Gelingen der Szene in einer einzigen Aufnahme: Wir tranken Toasts auf Harveys Mut und Geschicklichkeit, auf Billys Meisterschaft in der Kunst der Stunt-Regie, auf Henry Gerrard und seine Kamera, die jeden Zentimeter des Falls verfolgt hatte, und auf den Maschinisten und unseren Schatz, die Lok 102.

Auf der Rückfahrt an diesem Abend lag ich zwischen Jack und Harvey auf einem flachen, offenen Wagen. Als die bimmelnde Glocke uns die Ankunft im Ort signalisierte, flüsterte ich Harvey zu: »Komm um ein Uhr nachts an mein Schlafzimmerfenster. Ich mach dir das Drahtgitter auf und laß dich rein.«

Am nächsten Morgen arbeitete Billy allein mit dem Güterzug. Harvey lungerte mit einigen der Landstreicher-Statisten auf der offenen Hotelveranda herum, über die mich mein Weg führte, als ich nach dem Frühstück wieder auf mein Zimmer gehen wollte. »Einen Augenblick, Miss Brooks«, sagte Harvey mit lauter Stimme, als er vom Geländer aufstand und zu mir herüberschlenderte. »Ich muß Sie etwas fragen.« Während er mit einer Hand die Tür zuhielt und mich mit der anderen am Arm packte, sagte er: »Wie Sie wissen, hängt mein Job von meiner Gesundheit ab.« Dann nannte er jemanden aus der Chefetage der Filmgesellschaft, den ich gar nicht kannte, und fuhr fort: »Jeder weiß, daß Sie sein Mädchen sind und daß er Syphilis hat, und was ich jetzt wissen möchte: Haben Sie Syphilis?« Nach einem eindrucksvollen Augenblick des Schweigens sagte er schließlich noch: »Ein weiterer Grund, warum ich das wissen möchte – meine Freundin kommt gegen Mittag und fährt mich mit dem Auto nach Hollywood zurück.« Als Harvey sich umsah, um die Wirkung seines Auftritts auf die Hobos zu genießen, sah er Robert Perry leise auf sich zukommen. Schnell ließ Harvey mich los und schlich von der Veranda, während ich die Tür öffnete und auf mein Zimmer flüchtete.

Um eins ging ich in den Speisesaal und betete, daß alle andern schon gegessen hätten und gegangen wären. Der Raum war leer bis auf zwei Personen, die an der Theke saßen – Harvey und seine Freundin. Sie war eine fette Schlampe in einem gelben Hauskleid. Harvey stieß sie leicht an, und sie drehte sich auf ihrem Hocker um, starrte mich an und kicherte, während er mit gedämpfter Stimme auf sie einredete. Gerade als ich meine Eiskrem aufgegessen hatte und mich davonschleichen wollte, kam Billy von den Dreharbeiten herein und setzte sich zu mir an den Tisch zum Lunch. Als Harvey kam, um sich von ihm zu verabschieden, wurde ganz deutlich, daß Billy in allen Einzelheiten über unsere unerquickliche Affäre unterrichtet war – vom nächtlichen Einstieg durch mein Schlafzimmerfenster bis zum mittäglichen Finale auf der Hotelveranda. Er konnte sich einen verstohlenen Blick in meine Richtung nicht verkneifen. Wie tief war die große Louise Brooks gefallen! Das war eine Sequenz, die er als Regisseur mit Genuß gefilmt hätte.

Am letzten Tag der Außenaufnahmen machte ich in einer Koje des Dienstwaggons ein Nickerchen, als mich ein brennendes Gefühl am Oberschenkel weckte und ich in meiner Hosentasche eine brennende

Zigarette fand. Gleich nach dem Anzünden von Zeitungen unter Leuten, die auf Segeltuchstühlen saßen, war das der Lieblingsspaß der Truppe. Als ich hochfuhr, um die Zigarette aus der Tasche zu holen und dabei fragte: »Wer zum Teufel war das?«, schloß sich die Vordertür hinter dem Spaßvogel, und durch die Hintertür kam Robert Perry herein. Während der Dreharbeiten zu *Beggars of Life* waren wir gute Freunde geworden, und jetzt kam er, um sich von mir zu verabschieden. Da fiel mir Jack ein, und ich sagte, daß ich ihn den ganzen Tag nicht gesehen hatte.
Robert sagte: »Dein Boyfriend hatte einen kleinen Unfall – «
»*Mein* Boyfriend?« unterbrach ich ihn.
»Dafür hält er sich jedenfalls«, meinte Robert und sah mich seltsam neugierig an. Aber ich war zu gespannt, etwas über Jacks Unfall zu hören, als mich bei solch einer albernen Vorstellung aufzuhalten. Am Tag zuvor, erzählte mir Robert, war Jack auf der Lokomotive in der Nähe der Dampfpfeife herumgeturnt, als jemand das Signal betätigte und er sich eine böse Verbrennung am Hintern zuzog. Noch am gleichen Nachmittag war er nach Hollywood geschickt worden, im Auto mit den Männern, die die Muster – die Aufnahmen vom Tag – ins Labor brachten.
Eines Abends, einen Monat später, rief mich die Telefonvermittlung des Beverly Wilshire Hotels in meiner Suite an und teilte mir mit, daß Jack Chapin in der Lobby sei. Ich sagte ihr, sie solle ihn hochschicken. Er kam in mein Wohnzimmer und sah sehr förmlich und seltsam aus, in einer blauen Jacke und einer weißen Hose, seine roten Locken mit stark duftendem Öl geglättet. Er sagte kein Wort; er trank auch keinen Schluck von dem Bacardi-Cocktail, den ich für ihn mixte. Er setzte sich auf das Sofa vor dem Kamin und starrte mich auf dem Sofa gegenüber an, und dann stürzte er ohne Vorwarnung auf mich zu und preßte mich fest in seine Arme.
Ich war zu überrascht, um ärgerlich zu sein, stieß ihn weg und sagte: »Versuchst du etwa, mich zu verführen?«
»Warum denn nicht?« antwortete er wütend, während er aufsprang und zur Tür zurückwich, um seinen Abgang zu machen. »Du gehst mit jedem anderen ins Bett – warum nicht mit mir?«

3 Die Nichte von Marion Davies

Niemand vermag mit Gewißheit zu sagen, warum jemand Selbstmord begeht, aber aller Wahrscheinlichkeit nach war einer der Gründe, warum meine Freundin Pepi Lederer sich 1935 das Leben nahm, die Tatsache, daß sie die Nichte von Marion Davies war. Und daß Marion die Geliebte von William Randolph Hearst war, war vermutlich ein weiterer Grund. Pepi versuchte 1929 und dann noch einmal 1930, den Auswirkungen zu entfliehen, die die überwältigende Prominenz und der grenzenlose Reichtum des Gespanns Davies-Hearst auf die Barbaren Hollywoods ausübte, die in ihr nichts weiter sahen als den Wegweiser zu Marions Strandhaus in Santa Monica, nach Wyntoon, Mr. Hearsts Anwesen in Nordkalifornien, nach San Simeon, seinem Schloß über dem Pazifischen Ozean auf halbem Weg zwischen Los Angeles und San Francisco, und nach St. Donat, seinem Schloß in Wales. Als Marion und Mr. Hearst im Sommer 1930 mit ihrer Gästekollektion Europa bereisten, überredete Pepi sie, daß sie selbst in London bleiben, sich dort eine Wohnung nehmen und für Mr. Hearsts Luxusvierteljahreszeitschrift »The Connoisseur« schreiben durfte. Für Marion und Mr. Hearst, deren Vorstellung einer großen Schriftstellerin die Zeitschriftenautorin Adela Rogers St. Johns verkörperte, war die Beschäftigung Pepis in der Redaktion des »Connoisseur« nur eine Art und Weise, sie abzuschieben; sie schoben oft Leute ab, indem sie ihnen Schein-Jobs bei Hearst-Publikationen verschafften. Im Gegensatz zu Pepis Bruder Charlie Lederer, um den sie sich ernsthaft kümmerten, indem sie ihn als Drehbuchautor an Metro-Goldwyn-Mayer vermittelten, behandelten sie Pepi wie ein unartiges, unterhaltsames Kind, das unfähig ist zu ernsthaftem Streben.

Da ihnen selbst die Fähigkeit fehlte, Vortrefflichkeit überhaupt wahrzunehmen, erkannten sie nicht, daß Pepi nicht nur über Beobachtungsgabe und Aufmerksamkeit verfügte, sondern diese beiden Talente auch mit einer einmalig geistreichen Betrachtungsweise verband – eine Kombination, die sie möglicherweise zu einer großen Schriftstellerin hätte machen können. Aber in den fünfundzwanzig Jahren ihres Lebens (von denen sie die letzten zwölf mit Marion verbrachte) hatte sie nicht gelernt, sich irgendeiner Disziplin zu unterwerfen. Sie konnte ihre Eßlust nicht zügeln, die sie, obwohl sie ein schönes Ge-

Marion Davies

sicht und einen feinen Körperbau hatte, dick und sexuell unattraktiv machte; und sie konnte ihren Alkoholkonsum nicht zügeln, der zu ihrer Kokainsucht und damit schließlich zu ihrem Tode führte.
Und wenn sie schon das nicht konnte, konnte sie gewiß nicht schreiben lernen, denn das Schreiben ist vielleicht von allen Künsten diejenige, zu der am meisten Disziplin gehört.
Im Winter 1930, bevor Marion und Mr. Hearst aus Kalifornien nach New York kamen, um sie im Juni nach Europa mitzunehmen, belegte sie an der Columbia-Universität ein Seminar für angehende Schriftsteller. Aber mein Gelächter über ihr erstes Referat *Warum ich Schriftstellerin werden möchte* befriedigte sie so sehr, daß sie jede weitere Teilnahme an dem Seminar für überflüssig hielt. Fünf Jahre lang kehrte Pepi nicht in die Vereinigten Staaten zurück. In den ersten drei Jahren, nachdem sie ihren Job bei »Connoisseur« aufgesteckt hatte, waren ihre Briefe an mich voller Hochstimmung. In London, schrieb sie, sei sie Pepi Lederer, ein eigenständiger Mensch und keine Haltestelle für Möchtegern-Freunde von Marion und Mr. Hearst. Und, so berichtete sie, sie habe eine entzückende Gefährtin gefunden, Monica Morris, mit der sie ihre Wohnung, ihren großzügigen Monatsscheck und ihr Konto teile.
Ich traute Pepis Geschmack in puncto Freundinnen nicht mehr, seit sie 1929 ein Verhältnis mit einer schäbigen kleinen Blues-Blondine angefangen hatte. Als ich in New York der Schauspielerin Blyth Daly, der Tochter des bekannten Schauspielers Arnold Daly, über den Weg lief und mir einfiel, daß sie 1927 in London aufgetreten war, fragte ich sie, ob sie ein Mädchen namens Monica Morris kenne, die Pepis enge Freundin geworden sei. Blyth schrie nur auf: »Mein Gott, das Frettchen vom Bühneneingang! Erzähl mir bloß nicht, daß Monica sich Pepi gekrallt hat!« Es verhielt sich so, wie ich befürchtet hatte. Blyth nannte Monica »das Frettchen vom Bühneneingang«, weil sie das gierigste Raubtier in der Horde junger Mädchen gewesen war, die um Tallulah Bankhead gekämpft hatten, als diese 1923 der Liebling des Londoner Theaters wurde. Als Tallulahs Kumpel lernte sie unweigerlich die ganze Londoner Prominenz kennen.
1934, in ihrem vierten Jahr in London, wurde der Ton von Pepis Briefen merklich gedämpfter. Für Marion und Mr. Hearst und ihre Gästekollektion war es das Jahr des längsten Europaaufenthalts (von Juni bis September), und Pepi zerbrach unter dem Druck, plausible Ausreden zu erfinden, warum sie sich ihrer Gesellschaft entzog – und daß die Notwendigkeit dafür bestand, entdeckte ich erst, als sie nach New York zurückkehrte. Ob im heimischen Salon oder unterwegs: Marion

und Mr. Hearst verpflichteten ihre Gäste, sich zu produzieren, wann immer sie auch brillierten; und Pepi, ihre Star-Entertainerin, konnte sich dieser Pflicht nicht entziehen, ohne peinliche Szenen über sich ergehen lassen zu müssen. Auf Pepis Betreiben hatte Marion mich 1930 zu ihrer Europareise eingeladen. Ich hatte abgesagt, weil ich, wie ich Pepi erklärte, bestimmt einen Auftritt versäumen würde: Man würde mich im Bett entdecken, mit einem Buch, und mich nach Hause schicken. Sie verstand das. Sie erzählte mir, daß auf der Reise von 1928 Sadie Murray, eine Verwandte Mrs. Hearsts vom irisch-herzlichen Typ, zu ungestüm aus der Rolle gefallen sei und man sie deshalb vom Lido nach Hause geschickt habe. Ein äußerst demütigendes Erlebnis.

Dario Borzani und ich traten in der Woche vom 12. April 1935 mit einer Gesellschaftstanznummer im Capitol Theatre auf, als Pepi und Monica Morris, aus London kommend, in New York eintrafen. Sie durften zwei Wochen in einer Suite von Mr. Hearsts Ritz Tower Hotel in der Park Avenue verbringen, ehe es weiterging nach Hollywood und San Simeon. Monica war noch nie in New York gewesen, aber wir hatten uns kaum miteinander bekannt gemacht, da sagte sie schon: »Können Sie mich nicht nach Harlem begleiten? Ich brauche Kokain.« Sie drängte mich sehr. Auf dem Schiff, erzählte sie, hätte sie ihre kleinen weißen »Briefchen« mit »Uppers« im Bad der Kabine zwischen den Handtüchern versteckt, und die Stewardess hätte sie mit der schmutzigen Wäsche mitgenommen. Ich verwies sie an Tallulah Bankhead im Gotham Hotel, und Monica machte sich sofort auf den Weg, so daß Pepi und ich allein im Ritz Tower blieben; es sollte unser letztes ernsthaftes Gespräch vor ihrem Tod sein. Als sich die Tür hinter Monica schloß, sahen wir uns an. Pepi hatte wunderschöne blaue Augen, und sie waren plötzlich dunkel und nachdenklich; sie konnten mich nicht belügen. Jetzt verstand ich wenigstens eines der Dinge, weswegen sie Marion und Mr. Hearst hatte aus dem Weg gehen wollen – Kokain. Um die Spannung zu lockern, lachte sie ihr altes, glückliches Lachen, und als wir ins Wohnzimmer gingen, sagte sie: »Aber warum gratulierst du mir denn nicht? Siehst du nicht, wieviel ich abgenommen habe?«

Ich gratulierte ihr. Sie war merklich schlanker geworden – durch Kokain. Sie öffnete eine gutbestückte Hausbar und fragte: »Möchtest du etwas trinken?«

»Nein, danke«, sagte ich, »ich muß noch zu meinem Auftritt ins Capitol, aber trink du doch was.«

»Jetzt lieber nicht«, sagte sie.

Hätte ich in meinem Glauben an ihre Sucht noch einer Bestätigung bedurft, dann wäre es der Anblick gewesen, wie Pepi mit leeren Händen zwei Dutzend Flaschen Schnaps den Rücken kehrte. Wir setzten uns auf ein Sofa, und sie nahm vom Teetisch vor uns eine blau-weiße Tasse mit Untertasse aus Lowestoft-Porzellan zur Hand. Mit zufriedenem Gesichtsausdruck sagte sie: »Ein Geschenk für Mr. Hearst.« Dann umschattete die neue Dunkelheit wieder ihre Augen, und sie fügte hinzu: »Was für eine alberne Idee, Mr. Hearst etwas zu schenken.« Und dann begann sie über das zu reden, was im vergangenen Sommer, als Marion und Mr. Hearst in Europa waren, alles schiefgegangen war.
Als sie sich zusammen mit Monica den beiden in Spanien anschloß, spürte Pepi, daß sich hinter Marions gewöhnlich herzlicher Gastfreundschaft und Mr. Hearsts üblicher Großzügigkeit etwas Berechnendes, fast Beleidigendes verbarg. Ihre Aufmerksamkeit den Gästen zuwendend, spürte sie auch hinter deren üblicher Ergebenheit etwas Lauerndes, fast Zufriedenes. Mr. Hearst und Marion spielten immer noch den gnädigen Lord und seine Lady, und die Gäste reagierten immer noch mit freudigen Dankesbekundungen, aber das Leben war aus ihren Auftritten gewichen. Angeblich wußte es zwar noch keiner, aber *Operator 13,* gerade in die Kinos gekommen, war Marions letzter Film bei der M-G-M. Louis B. Mayer wagte nicht, ihren Vertrag zu verlängern. Die Kinobesitzer waren unerbittlich. Kein noch so großer Aufwand an freier Publicity in den Hearst-Zeitungen sorgte für ein volles Haus, wenn ein Marion-Davies-Film gezeigt wurde. Im Herbst, bei ihrer Rückkehr nach Hollywood, sollte sie einen Vertrag über vier Filme bei Warner Brothers unterschreiben. Es war wie der Umzug aus einem Palast in einen Stall. Wenn diese vier Filme kein Geld einspielten, war Marions Karriere sowieso am Ende. Alle Produzenten in Hollywood wußten, daß Mr. Hearst sich dem Bankrott näherte und es sich nicht länger leisten konnte, ihre Filme zu produzieren. (Als er 1937 schließlich die finanzielle Kontrolle seiner Publikationen aufgab, beliefen sich seine Schulden auf 126 Millionen Dollar.)
Nach Pepis Worten gab Marion, wenn sie betrunken war, ihre ganze Zurückhaltung auf und verfluchte jeden, von dem sie meinte, er habe zum Ruin ihrer Karriere beigetragen. Hätte man ihr eine Chance gegeben, so Marion, hätte sie sich zu einer großen dramatischen Schauspielerin entwickeln können. Aber vom Anfang bis zum Ende hatte William Randolph Hearst sie auf das herzige Bild der Puppe aus den neunziger Jahren des letzten Jahrhunderts festgelegt, ganz im Stil der

Heldinnen aus den Filmen von D. W. Griffith, deren Frauenbild in den Zwanzigern auf völlige Ablehnung stieß. Aus diesem Grund setzte die M-G-M ihre wertvollsten Mittel auf Greta Garbo und Norma Shearer. Es war eher das Stigma des Versagens als die Hoffnung auf Erfolg, das sie dazu trieb, den Vertrag bei Warner zu unterschreiben. W. R. ließ ihr freie Hand, das zu tun, was ihr gefiel, denn das Ende ihres Vertrags mit der M-G-M bedeutete auch das Ende seines Interesses an ihren Filmen. Was Mr. Hearst angehe, erzählte Pepi mir, so habe er privat geäußert, daß Louis B. Mayer seine Bemühungen, Marion zum größten Star von Hollywood zu machen, nur deshalb behindere, weil er, Mayer, Angst habe, daß er, Hearst, seinen Produzententhron bei der M-G-M usurpieren könnte. Die jüdische Kontrolle über die Filmindustrie, so Mr. Hearst, habe gegen Marions Erfolg gearbeitet. Im September 1934 setzte er sich für kurze Zeit von seiner Begleitung ab, um nach Berlin zu fliegen und Hitler, der die isolationistische Politik der Hearst-Presse begrüßte, einen freundlichen, großpublizierten Besuch abzustatten. Und jetzt, so fuhr Pepi fort, fürchte sie sich vor ihrer Rückkehr nach Hollywood, weil sie gehört habe, daß man mit Bedacht Marions Ruhm und Mr. Hearsts Macht demontiere. Marions erster Film bei Warner Brothers, mit dem unglücklichen Titel *Page Miss Glory,* sah im Rohschnitt wie ein Reinfall aus, und Mr. Hearst wurde insgeheim als Pro-Nazi gebrandmarkt.

Ich hatte nicht das Herz, Pepi zu sagen, daß die Machtposition von Marion und Mr. Hearst in Hollywood noch weitaus fragwürdiger war, als sie es sich vorstellte. Bei der M-G-M war Marions »Garderobe« (in Wirklichkeit eine Sechszimmer-Hazienda) ein Statussymbol gewesen. Nachdem diese Garderobe aber in drei Teile zerlegt und unter hohen Kosten aufs Warner-Gelände transportiert worden war, wo man sie wieder zusammenbaute, war daraus ein Sechszimmer-Witz geworden. Dick Powell, Marions junger männlicher Partner, brachte ganz Hollywood zum Kichern über seine Affäre mit ihr. Mr. Hearsts Situation war nicht so komisch. Die Juden Hollywoods waren empört über seinen Besuch bei Hitler zu einer Zeit, als die Gestapo und die SS in vollem Einsatz waren, als die freie Presse und die Filmstudios staatlicher Kontrolle unterstellt wurden und als die jüdischen Journalisten und Schauspieler aus ihren Berufen vertrieben wurden und ihnen die deutsche Staatsbürgerschaft aberkannt wurde. Vor Hitler hatte die amerikanische Filmindustrie, was ihre Hauptprofite betraf, auf Europa gezählt, wobei der Löwenanteil dieser Profite aus Deutschland kam. 1933 verbot Hitlers Propagandaminister Joseph Goebbels zu-

Pepi Lederer, Marion Davies' Nichte

nächst bestimmte amerikanische Filme, weil »sie der Stärkung der richtigen deutschen Weltanschauung nicht förderlich waren«. Bis 1935 hatte sich die deutsche Weltanschauung derart verengt, daß die amerikanische Filmindustrie wußte, es konnte nur noch eine Frage der Zeit sein, bis der gesamte deutsche Markt verloren war. (Dieser Gedanke leitete Goebbels bei seinem Vorschlag, den er 1938 den amerikanischen Filmgesellschaften machte: sie könnten ihre Filme frei in Deutschland verkaufen, wenn amerikanische Kinos in wichtigen Städten eine Reihe von Nazi-Propagandafilmen zeigten. Kurz nach diesem Vorschlag traf Leni Riefenstahl mit einer Kopie ihres »Dokumentarfilms« über die Olympischen Spiele in Hollywood ein und suchte, erfolglos, nach einem amerikanischen Verleih für den Film.)

Als ich Hollywood 1940 für immer den Rücken kehrte, glaubte ich, daß der Abschied von diesem Ort mich automatisch von der bösartigen Krankheit kurieren würde, die dort grassierte und von der man scherzhaft als »sich Hollywood holen« sprach. Ich kehrte zunächst zu meinem Vater nach Wichita zurück, aber dort stellte ich fest, daß die Einwohner sich nicht entscheiden konnten, ob sie mich nun deshalb verachten sollten, weil ich fern der Heimat einmal erfolgreich gewesen war, oder deshalb, weil ich bei ihnen jetzt ein Versager war. 1943 ging ich nach New York, wo ich feststellte, daß die einzige gutbezahlte Karriere, die mir als erfolglose Schauspielerin von sechsunddreißig Jahren offenstand, die eines Callgirls war. Ich löschte meine Vergangenheit aus, weigerte mich, die wenigen mir verbliebenen Freunde mit Verbindungen zum Film zu sehen und begann, mit Gedanken zu kokettieren, die sich auf kleine Röhrchen mit gelben Schlaftabletten bezogen. 1956 überredete mich dann James Card, Filmkurator aus Eastman House in Rochester, New York, nach Rochester zu ziehen, wo ich alte Filme studieren und über die Bruchstücke meiner neuentdeckten Vergangenheit schreiben konnte. Dabei stellte ich fest, daß ich mich nur in meiner Phantasie von der Hollywood-Krankheit erholt hatte. Immer noch beurteilte ich alle Filme, die ich dort als Filmschauspielerin gemacht hatte, nicht nach ihren Qualitäten, sondern nach ihrem Erfolg oder Mißerfolg in den Augen Hollywoods. Auf der Stelle machte ich mich daran, meinen Blick zu korrigieren.

1973 war ich mir wieder sicher geworden, daß ich geheilt war, denn ich akzeptierte das Hollywood-Urteil nicht mehr, das mich zum Versager abgestempelt hatte. Als Befreite studierte ich den Index von Fred Lawrence Guiles' Biografie *Marion Davies,* wobei mir der Name Pepi Lederer ins Auge sprang; er brach mir das Herz. Nie zuvor hatte ich in

all den Büchern und Artikeln, die über Marion Davies veröffentlicht worden waren, Pepis Namen gefunden. Sie war seit achtunddreißig Jahren tot, und jetzt erwachte sie plötzlich in meinen Gedanken zu neuem Leben, deutlich und in einer Fülle von komischen und traurigen Vorfällen, die alle gestützt wurden durch meine fast vollkommene Erinnerung an ihre Worte, so als ob ich ganz unbewußt ein Stück auswendig gelernt hätte, in dem sie die Hauptrolle spielte. »Warum habe ich eigentlich nie daran gedacht, über Pepi zu schreiben?« fragte ich mich. Und sofort fiel mir wie zum Hohn die Antwort ein: »Weil sie kein Erfolg war – in Hollywood war sie ein Versager.« Ich ging an meine Bücherregale und zog ein altes Wörterbuch hervor, dessen Vorsatzblätter beklebt waren mit abgetippten Goethe-Zitaten und fand diesen Satz: »Denn nicht insofern der Mensch etwas zurückläßt, sondern insofern er wirkt und genießt und andere zu wirken und zu genießen anregt, bleibt er von Bedeutung.«
Pepi Lederer wurde am 18. März 1910 in Chicago als Josephine Rose Lederer geboren. Als kleines Mädchen bekam sie den Spitznamen Peppy, weil sie so lebhaft war, soviel »Pep« hatte. 1928 änderte sie die Schreibweise in Pepi und machte ihn zu ihrem richtigen Namen. Zur Zeit ihrer Geburt brachte ihr Vater George Lederer in Chicago populäre musikalische Lustspiele auf die Bühne. Ihre Mutter ließ sich bald nach Pepis Geburt von ihm scheiden. Ich erinnere mich, daß sie über ihren Vater nur einmal gesprochen hat, und zwar im Zusammenhang mit dem Umstand, daß er Jude war, was ihr nicht gefiel. Er starb 1938 in New York im Alter von siebenundsiebzig Jahren. Ihre Mutter starb im selben Jahr in Beverly Hills im Alter von einundfünfzig Jahren. Sie wurde als Reine Douras geboren, die älteste von vier sehr schönen Schwestern, und sie war die erste, die den Bühnennamen Davies annahm. Sie trat als Sängerin in Vaudevilles und Musicals bis 1918 auf, als ihre Schwester Marion ihr Verhältnis mit Hearst begann und die drei Schwestern und Pepis Bruder Charlie in einem großen Haus in Beverly Hills an der Lexington Road aufnehmen und versorgen konnte. Pepi sah ihre Mutter so selten wie möglich. Nur durch Zufall fühlte sie sich gezwungen, mir etwas über sie zu erzählen. Es war im Januar 1930, als Pepi allein in einer möblierten Wohnung in der West-54. Straße Nr. 42 wohnte, in einem Gebäude, das Mr. Hearst gehörte. Als ich sie eines Nachmittags dort besuchte, traf ich sie weinend und voller Schuldgefühle an. Ihre Mutter sei soeben gegangen, erzählte sie, nachdem sie uneingeladen in die Wohnung gestürmt sei und in angetrunkenem Zustand eine schreckliche Szene gemacht habe. Pepi sagte, daß ihre Mutter Marion ein hinterhältiges Weibsbild ge-

schimpft habe, weil sie ihr ihre Kinder geraubt habe. Sie, Reine, sei die erste und schönste der Davies-Schwestern! Und sie, Reine, werde Marion dafür büßen und zahlen und zahlen lassen bis zu ihrem Tode!

Ich war einundzwanzig und Pepi war siebzehn, als wir uns Neujahr 1928 in San Simeon kennenlernten. Mein Mann, der Filmregisseur Eddie Sutherland, und ich waren von Marion und Mr. Hearst eingeladen worden, eine Woche »auf der Ranch« zu verbringen, die San Simeon genannt wurde, weil man dort immer noch Vieh züchtete und das weiße Holzhaus von Mr. Hearsts Mutter dort immer noch stand – auf einem Gelände, das sich fast fünfzig Kilometer an der Küste erstreckte. Nach drei Tagen sagte Eddie zu mir: »Ich will verdammt sein, wenn ich mich jeden Morgen um acht von einer Kuhglocke zum Frühstück aus dem Heu scheuchen und mir meinen Alkohol rationieren lasse, als wäre ich ein blöder Schuljunge. Außerdem gibt es hier nicht mal einen Golfplatz. Ich fahr noch heute abend nach Hollywood zurück.« Eddie hatte in einer Hinsicht völlig recht: Die Ranch war ein tödlich-langweiliger Ort für jeden, der nicht in Opulenz schwelgte, der nicht Mitglied von Marions festem Gäste-Ensemble war, der sich von prominenten Besuchern nicht geistig angeregt fühlte und der bei Marion und Mr. Hearst weder Unterstützung seiner Filmkarriere noch finanzielle Hilfe suchte. Aber Eddie war auch nicht wie ich in Pepis private Welt eingeführt worden – eine Welt voller Aktivitäten, das völlige Gegenteil von Marions passiver Welt, in der die Leute herumsaßen und sich buchstäblich zu Tode redeten. Pepis Welt war die Schöpfung ihrer Gedanken, die nicht an konkrete Umstände gebunden war; diese Welt war überall dort, wohin sie ging. Ich hielt es jedoch für meine Pflicht als Ehefrau, mit Eddie nach Hollywood zurückzukehren, nachdem er Marion mitgeteilt hatte, daß dringende Geschäfte ihn ins Paramount-Studio zurückgerufen hätten. Während er sie bat, uns mit dem Wagen zur nächsten Bahnstation in San Luis Obispo bringen zu lassen, kam Pepi dazu und sagte zu mir: »Warum mußt du denn mit Eddie mitfahren? Du hast doch nichts in Hollywood zu tun.« Ich blieb fast drei Wochen.

Für mich war der prächtigste Raum im Schloß der große Speisesaal. Ich betrat ihn niemals ohne freudiges Schaudern. Hoch über unseren Köpfen, direkt unter der Decke, hingen in zwei Reihen vielfarbige Turnierbanner aus dem Siena des 13. Jahrhunderts. In dem riesigen gotischen Kamin zwischen den beiden Eingangstüren grinste verrucht ein schwarzer Satyr aus Stein durch die Flammen, die von den gegen seine Brust gestellten Scheiten aufloderten. Die Tafel bot Platz für

vierzig Personen. Marion und Mr. Hearst saßen sich an der Mitte des Tisches gegenüber, und ihre bedeutendsten Gäste saßen jeweils rechts und links neben ihnen. Am Morgen, nachdem Eddie abgereist war, wurde ich von meinem Platz in der Nähe Mr. Hearsts auf einen Platz neben Pepi am unteren Ende des Tisches versetzt, wo sie herrschte. Die übrigen Gäste nannten uns »die jungen Degenerierten«. Wir waren sieben: Pepi, ihr Bruder Charlie, die Schauspielerin Sally O'Neil, der Schauspieler Billy Haines, Lloyd Pantages, Sohn eines Theaterbesitzers, der Schnorrer Chuck Crouch und ich. Exakt zehn Minuten, bevor zum Dinner gerufen wurde, wurden in der Versammlungshalle die Cocktails serviert. Wer es wagte, in dieser Zeitspanne zwei Cocktails hinunterzustürzen, kam in den Genuß eines unvergeßlich eisigen Blicks von Mr. Hearst, der sein Bestes tat, Marions Trinken einzuschränken. Beim Dinner jedoch durften wir soviel Champagner trinken, wie wir wollten. Unser Kellner war ein großer, lächelnder Cowboy, der von Pepi ständig auf Trab gehalten wurde mit den Worten: »Noch eine Flasche Champagner, guter Mann.«
Weil sie damals in der endlosen Prozession von Prominenten auf der Ranch der einzige reale Fixpunkt war, durfte Pepi jedes Hearst-Davies-Gesetz ungestraft brechen. Sie zweifelte nie daran, daß man ihr auf die Schliche kommen würde. Gäste, Angestellte, Dienerschaft – alle waren sie Spione. Aber sie verfügte über den gewissen Kniff, mit einer Geschicktheit, die jeden amüsierte, die Eitelkeiten der Leute bloßzustellen. Der falsche Busen der Schauspielerin Claire Windsor und die rote Perücke der Schriftstellerin Madame Elinor Glyn verschwanden aus ihren Schlafzimmern, während die Damen ahnungslos schliefen. In der Filmkolumne von Louella Parsons, die vom Hearst-Syndikat verbreitet wurde, erschien dann eine »Exklusivnachricht«, die später zurückgenommen werden mußte. Unterhalb des Schloßhügels befand sich ein riesiger Swimmingpool aus Marmor in der Form eines Kleeblatts, ausgestattet mit Statuen und Fontänen. Einmal, gegen Mittag, noch ehe Marion und Mr. Hearst ihren Auftritt hatten, waren wir im Swimmingpool, als Pepi hörte, daß eine Gruppe von Hearst-Redakteuren, ganz seriös in dunklen Geschäftsanzügen, an einem Tisch voller Scotch- und Ginflaschen im Speiseraum der Casa del Mar saßen – der zweitgrößten der drei Villen, von denen das Schloß umgeben war. Pepi arrangierte einen Reihentanz. Zehn hübsche Mädchen in nassen Badeanzügen umtanzten den Tisch mit den Redakteuren, griffen sich hier und da eine Flasche und verschwanden, so daß einer der erstaunten Herren Hearsts Angestellten Harry Crocker fragte: »Weiß Mr. Hearst überhaupt, daß diese Leute hier

sind?« Die Alkoholkontrollen, die Mr. Hearst anordnete, waren nicht leicht zu umgehen. Marions Ginflaschen (in den Badezimmern versteckt) und die Whiskyflaschen der Gäste (unter den Matratzen versteckt) wurden oft von schnüffelnden Dienstmädchen entdeckt und konfisziert. Nur Pepi hatte keine Schwierigkeiten, alkoholische Getränke zu bekommen, denn sie hatte einen privaten Bootlegger. Joseph Willicombe, Mr. Hearsts geschäftsführender Sekretär, besaß die Schlüssel zum Weinkeller, und er konnte Pepis leuchtenden blauen Augen und ihrem strahlenden Lächeln niemals widerstehen. Eines Abends, als die ordentlichen Gäste sicher im Kino des Schlosses verstaut waren, brachte Pepi ihre »erlesene Truppe« mit drei Flaschen Brandy im Wohnzimmer der Casa del Monte zusammen – der größten der drei Villen. Auch Rosa Van Cleve, eine andere Schwester Marions, war dort und lag zusammengerollt in der Ecke einer Couch, schlürfte ihren Drink, redete mit niemandem und beobachtete Pepi, die mit den Füßen den Takt zu einer Duke-Ellington-Platte schlug. Um Mitternacht zogen Pepi, Lloyd und ich in die Küche des Schlosses, um die Kühlschränke zu stürmen. Aus völlig unerklärlichem Grund bekam Pepi einen Wutanfall und warf mit den großen Platten (die für den Lunch des nächsten Tages bestimmt waren) in der Küche um sich. Als wir das nächste Mal einen Sturm auf die Kühlschränke unternehmen wollten, fanden wir sie durch Vorhängeschlösser gesichert.

Am letzten Abend meines Aufenthalts in San Simeon führten die jungen Degenerierten ihr berühmtes Theaterstück *The Magoos* auf. Das Publikum saß im Damenzimmer, von dem man ins bogenförmige Vestibül sehen konnte, welches wiederum ein schmiedeeisernes Tor vom Speisesaal trennte. Das Tor wurde mit grünen Samtvorhängen verkleidet, die das Vestibül in unsere Bühne verwandelten. Das Stück war eine rustikale Posse, verfaßt von Charlie Lederer. Chuck Crouch und Lloyd Pantages spielten Vater und Mutter Magoo. Charlie und Pepi Lederer spielten ihre unschuldigen Kinder. Ich war das böse Mädchen und Billy Haines war der böse Bube, die den Kindern ihre Unschuld raubten. Sally O'Neil war die gute Fee, die auf dem Höhepunkt des Stücks angeschwebt kam, um Pepi vor Billys lüsternen Avancen zu retten. Der Beifall am Ende von *The Magoos* war enthusiastisch, hauptsächlich, weil Pepi ein großes, kräftiges Mädchen war und sich Billys Avancen auf derart handfeste Weise widersetzte, daß er unter ziemlich schmerzhaften Folgen zu leiden hatte. Mr. Hearst machte Charlie den Vorschlag, das Ende des Stücks umzuschreiben: Sally müsse wohl eher einschweben, um Billy zu retten.

Im Februar lud Pepi mich ein, ein Wochenende in Marions Strandhaus in Santa Monica zu verbringen, während Eddie und der Regisseur Wesley Ruggles in Del Monte Golf spielten. An dem Sonnabend hatte ich abends noch länger im Studio zu tun und traf deshalb erst nach dem Dinner im Strandhaus ein. Als mein Wagen das Tor passierte, in die halbrunde Auffahrt einbog und dann vor den großen Doppeltüren des Haupteingangs hielt, hatte ich das unheimliche Gefühl, als hätte ich erst einen Augenblick zuvor einen von gleißendem Licht leuchtenden Palast verlassen, um ihn einen Augenblick später verdunkelt und still und unbelebt vorzufinden, so daß der leuchtende Palast nur ein Traum zu sein schien. Keine Autos, die vor mir aus der Schlange abfuhren oder hinter mir vorfuhren. Keine Menschen, die sich lachend unterhielten, während sie durch die offenen Türen traten, um von Marion und Mr. Hearst im Entree begrüßt zu werden. Ehe ich noch eine Türglocke finden konnte, öffnete mir schon ein Dienstmädchen eine der Doppeltüren, nahm meinen kleinen Koffer und sagte mir, daß Marion und Pepi in der Bibliothek seien. Die Kristallüster im langen Flur waren nicht erleuchtet. Als ich die Bibliothek betrat, sah ich statt der Märchenprinzessin dort Marion in einem blauen Morgenrock sitzen und Patience spielen. Pepi, in der Sicherheit ihrer privaten Welt, war unverändert. Die Bibliothek war ihr Lieblingsraum im Strandhaus, denn dort stand ein großer Capehart-Plattenspieler, dessen Lautstärke sich, wenn er voll aufgedreht war, durchaus mit der einer Kirchenorgel messen konnte. Sie spielte die Paul-Whiteman-Aufnahme von *When Day is Done,* und während sie den Takt schlug, machte sie eine gespannte, rituelle Miene. Das Mädchen brachte mir ein Tablett mit Sandwiches, und ich fragte mich, ob außer ihr, Marion, Pepi und mir und dem Nachtwächter, der mit seiner Taschenlampe über den dunklen Flur ging, überhaupt noch jemand anderes im Hause war. Mr. Hearst war geschäftlich in New York. Nachdem ich ein Sandwich gegessen hatte, spielten wir »Herzen«, aber das Spiel war langweilig, denn keiner von uns machte sich etwas aus Kartenspielen. Nach einer Weile legte Marion ihre Karten hin und sagte zu mir, als ob sie eine unterbrochene Unterhaltung wieder aufnehmen wollte: »Als W. R. und ich einmal nach New York fuhren, stiegen wir in Chicago aus dem Zug, um in den Twentieth Century Limited umzusteigen, und gerade in dem Augenblick stiegen auch auf der anderen Seite des Bahnsteigs Leute aus dem Zug, und aus einem Wagen kam Mrs. Hearst heraus. Wir starrten uns alle eine Sekunde lang an; dann ging W. R. zu ihr hinüber, um mit ihr zu reden und ließ mich allein stehen; sie blickte mich so voller Verachtung an –

ich hätte sie umbringen können.« Dann nahm Marion ihre Karten wieder auf und spielte weiter, während ich versuchte herauszufinden, warum sie, die mich doch bloß ganz beiläufig kannte, mir diesen zutiefst kränkenden Vorfall erzählen sollte. Zehn Minuten später legte sie ihre Karten erneut hin und fragte mich spitz: »Sind Sie nicht in *Louie the 14th* aufgetreten, zusammen mit Maybelle Swor?« Ich sagte ja. Dann fragte sie mich weiter aus über Maybelle – zum Beispiel, ob Mr. Hearst sich jetzt wohl mit ihr in New York treffen würde. Ich ärgerte mich sehr darüber, daß ich in solch eine häßliche Situation gebracht worden war und verweigerte die Antwort. Durch ihre privaten Spione wußte Marion über Mr. Hearsts Affäre mit Maybelle viel besser Bescheid als ich. Und außerdem erschien Maybelles Foto ohne ersichtlichen Grund, denn sie war ein Chorusgirl ohne Engagement, häufig in Hearsts Zeitungen; sie war auch einmal von Henry Clive für das Titelbild von Hearsts Zeitschrift »American Weekly« gemalt worden. Und es war gewiß kein Geheimnis, daß sie in New York eine Suite in seinem Warwick Hotel bewohnte, nur wenige Etagen unter dem Hearst-Davies-Apartment im obersten Stockwerk.

Anlaß für die Fragen, die Marion mir stellte, war Mr. Hearsts Trip nach New York im Juni 1925, als Ziegfelds *Louie the 14th* in Hearsts Cosmopolitan Theatre gespielt wurde. Sie hielt es für selbstverständlich, daß ich zu den Girls der Show gehört hatte, die zusammen mit Maybelle zu einer Party eingeladen worden waren, die auf Mr. Hearsts Yacht Oneida stattfand. Ich war viel zu wütend, um Marion zu erzählen, daß ich im April aus *Louie* ausgestiegen war, um mit den Proben für die Sommerproduktion der *Ziegfeld-Follies* zu beginnen. Um eine wahre Marionitin zu sein, mußte man an dem Glauben festhalten, daß Mr. Hearst mit keiner anderen Frau geschlafen hatte, seit er sie kannte. Daß ich das nicht glaubte, war ganz offensichtlich, und sie hatte mich im Verdacht, in dieser Angelegenheit besser Bescheid zu wissen als nur vom Hörensagen. Nachdem sie kurze Zeit gedankenverloren auf den Tisch gestarrt hatte, stand sie auf und sagte Gute Nacht. Pepi und ich blickten ihr nach, wie sie den Flur entlangging und die georgianische Treppe hinaufstieg. Es sah aus wie eine Szene in der Lobby eines verlassenen Filmtheaters. Und es blickten ihr auch die fast lebensgroßen Gemälde nach, die sie an den Wänden des Flurs und des Treppenhauses begleiteten – Marion in *When Knighthood Was in Flower,* in *Little Old New York,* in *Yolanda,* in *Janice Meredith,* in *Beverly of Graustark,* in *The Red Mill,* in *Quality Street*...

Anfang April, als Eddie wieder fort war und Pepi mich noch einmal zum Wochenende ins Strandhaus einlud, hatte das Haus zu seinem alten Traumzustand zurückgefunden. Am Sonnabend waren dort zwanzig Personen zum Lunch; vierzig Personen kamen nachmittags dazu, zum Schwimmen im venezianischen Swimmingpool aus weißem Marmor, der das Haus vom Ozean trennte; dazu kamen noch einmal vierzig zum Supper, das als Büfett auf der offenen Veranda oberhalb des Swimmingpools angerichtet war. Es galt die unausgesprochene Regel, daß die Gäste der Ganztagsparties bis spätestens Mitternacht gegangen sein sollten. Aber es war schon viel später, als ich Jack Pickford, den Bruder Mary Pickfords, mit dem ich auf der Gartenschaukel gesessen hatte, bat, mich zu meinem Zimmer zu begleiten. Der Nachtwächter hatte, wohl weil er es leer fand, mein Zimmer abgeschlossen. Jacks Wagen wartete mit Chauffeur auf ihn, also fuhr ich zu ihm und verbrachte die Nacht in seinem Haus. Am Sonntagnachmittag kam ich nach Hause und erfuhr von meinem sechzehnjährigen Bruder Theodore, der gerade aus Wichita, Kansas, zu Besuch bei mir war, daß Pepi den ganzen Tag Sherlock Holmes gespielt hatte. Sie hatte mittags an meine Zimmertür im Strandhaus geklopft. Als sie keine Antwort bekam und die Tür verschlossen fand, ging sie ums Haus und entdeckte eine Leiter, die am Dach des Eingangs lehnte und die ein Arbeiter stehengelassen hatte. Sie kletterte hinauf und gelangte durchs Fenster in mein Zimmer. Das Bett war unberührt. Sie rief Theodore an, damit er sie in seinem Roadster abhole, und machte sich auf die Suche nach mir: Von Marions Gästeliste hatte sie sich bestimmte Produzenten, Stars und Regisseure herausgesucht und ließ sich nun von Theodore zu deren Wohnungen fahren. Es dauerte nur bis Montag morgen, bis jeder in Hollywood – Eddie und Jacks Freundin Bebe Damiels eingeschlossen – wußte, daß ich die Nacht mit Jack Pickford verbracht hatte.

Dieser kleinere Skandal hatte nichts damit zu tun, daß ich im Mai 1928 die Scheidung von Eddie beantragte. Ich hatte Eddie im Juli 1926 geheiratet, weil er ein bezaubernder Mann war, der mich mit dem Goldreifen bestürmt hatte. Er gehörte mit Herz und Seele nach Hollywood; ich war dort eine Fremde. Er liebte Parties; ich liebte die Einsamkeit. Im Oktober 1927 fuhr ich nach New York, um Peggy Fears und ihren Mann A. C. Blumenthal zu besuchen. Eines Abends gingen Peggy, Blumie, Joe Schenck und ich in Harry Richmans Nachtclub. Da ich mich langweilte, entschuldigte ich mich mit einem Gang zur Toilette und ging hinauf in die Bar, wo Helen Morgan auf ihrem Klavier saß und sang. George Marshall, Geschäftsmann aus Washington und Besitzer der Redskins – ein Mann, den ich seit Jahren

Louise Brooks und ihr Bruder Ted in Beverly Hills, 1928

kannte –, war dort und lud mich zu einem Drink ein. Es war die schicksalshafteste Begegnung meines Lebens.
George Preston Marshall wurde 1896 geboren. Als er zweiundzwanzig Jahre alt war, starb sein Vater und hinterließ ihm in Washington, D. C., eine kleine Wäscherei, die, als er sie 1946 verkaufte, zur Palace-Wäscherei-Kette mit siebenundfünfzig Filialen expandiert war.

Die Führung seines langweiligen Geschäfts nahm nur wenig von seiner Zeit und nur einen geringen Teil seiner blendenden Intelligenz in Anspruch. Er interessierte sich leidenschaftlich für Theater und Film und wäre sicherlich ein inspirierter Regisseur geworden, wenn er nicht im Profi-Football eine größere Herausforderung gesehen hätte. 1932 kaufte er die Mannschaft der Boston Braves und machte mit Geschick und Einfallsreichtum dieses miese Team zu den erstaunlichen Washington Redskins. Ich lernte George kennen, als ich achtzehn Jahre alt war und im Februar 1925 mit *Louie the 14th* in Washington Premiere hatte. Er war ein großer, schwarzhaariger Mann von achtundzwanzig Jahren mit einem schönen Gesicht, das bereits von einem subtilen Zug zur Grausamkeit gezeichnet war. Nach einer Party im Shoreham Hotel brachte er mich, als ich schon leicht betrunken war, auf mein Zimmer im Willard Hotel. Wir waren kaum einige Minuten da, als es klopfte. George lief ins Badezimmer und versteckte sich hinter dem Duschvorhang, während ich die Tür öffnete: Es war der Hoteldetektiv. Er ging schnurstracks ins Badezimmer und kam mit George zurück. Sie unterhielten sich freundlich und verließen gemeinsam das Zimmer, nachdem der Detektiv von George eine Zwanzig-Dollar-Note angenommen hatte. Eine halbe Stunde später, als ich schon im Bett lag, kam eine Hotelangestellte ins Zimmer und forderte mich auf, aufzustehen, mich anzuziehen und aus dem Hotel zu verschwinden. Da ich sowieso Washington mit dem Frühzug nach New York verlassen wollte, stellte ich mich tot, bis sie es müde wurde, mich wachzurütteln, und das Zimmer verließ.
Als George und ich uns 1927 wieder begegneten, verliebte ich mich in seinen Geist, seinen umfassenden Verstand. George konzentrierte sich immer absolut auf das, was er jeweils tat, ob er nun einen Comicstrip las oder sich in Le Sages *Hinkenden Teufel* vertiefte. Er verstand meine leidenschaftliche Liebe zu Büchern, die mich vielleicht zum belesensten Idioten der Welt gemacht hat. (Sechs Jahre vor seinem Tod – er starb 1969 – verwirrte sich sein Geist nach einem Schlaganfall. Ich mochte es nicht glauben. Alle paar Monate rief ich seine Sekretärin in Washington an, die mir immer wieder sagte, daß George »senil« sei.) Laut George war meine Aufrichtigkeit der Grund, warum er mich so gern hatte, denn Aufrichtigkeit ist eine Form des Mutes. Und weil er von seiner eigenen Feigheit wie besessen war, wandte er sich von der Kunst ab und widmete sich einem Team tapferer Männer, das er auf dem Football-Feld anspornte. In jenem herrlichen Monat Oktober des Jahres 1927, den ich mit George in New York verbrachte, spürte ich eine Sicherheit, wie ich sie vorher nie

Louise Brooks und Eddie Sutherland bei Dreharbeiten in Florida, 1926

gekannt hatte. Von außen betrachtet sah sein Leben aus wie das anstrengende, ungeordnete Streben zwischen Ambitionen im Widerstreit. In Wirklichkeit war es so vollkommen geordnet wie das einer Karmeliterin. Ich war allerdings entschlossen, ihn zu vergessen, als ich nach Hollywood zurückkehrte. Es stellte sich heraus, daß ich das nicht konnte, und wir trafen uns, so oft es mir möglich war, das Studio zu verlassen. Dann, im April 1928, als er mich in Washington in den Zug setzte, sagte er: »Das erste, was du jetzt tun mußt, Scrubbie, wenn du wieder in Hollywood bist – du mußt die Scheidung von Eddie beantragen.«

Als ich Eddie von meinen Scheidungsabsichten unterrichtete, reagierte er mit einer Reihe von Szenen, an deren Ende mein Auszug stand; ich zog ins Beverly Wilshire Hotel. Zwei Tage später rief mich

Dr. Crispin an, um mir mitzuteilen, daß Eddies Hausboy ihn bewußtlos auf dem Fußboden des Wohnzimmers gefunden habe. Er hatte einen Liter Whisky getrunken und ein ganzes Sortiment Pillen geschluckt. Zwar war er sehr krank gewesen, aber er erholte sich schon wieder. Eine Woche später schickte ich mein Dienstmädchen in die Wohnung, um ein paar vergessene Kleinigkeiten abholen zu lassen; sie kehrte mit der Nachricht zurück, daß Eddies Freund Jimmie Cromwell als Gast bei ihm wohne. Mit Hilfe einer Flut von Parties und hübschen Statistinnen hatte Cromwell für die vollständige Genesung Eddies gesorgt.

Pepis erste Reaktion auf mein Scheidungsverfahren war auch nicht gerade freudig-erregt. Sie hielt es für Wahnsinn, mein Schicksal George Marshall anzuvertrauen. Als jedoch der Tag meiner Scheidungsverhandlung kam, der 19. Juni, war sie in ihrer Rolle als meine Zeugin voll aufgegangen. Sie hatte verschiedene Versionen von Eddies »seelischer Grausamkeit« geprobt, denn auf dieser Grundlage sollte die vorläufige Entscheidung gefällt werden. Als wir zum Gericht fuhren, wählte mein Rechtsanwalt Milton Cohen die mildeste Version und bat sie, ihren Auftritt zu zügeln und nach ihrer Aussage dem Richter nicht zuzublinzeln. Es gelang ihr, sich zurückzuhalten. Als wir wieder in meiner Suite im Beverly Wilshire waren, kam sie nach einem ganzen Shaker von Bacardi-Cocktails zu dem Schluß, daß Eddie, der auf der Ranch war, über den Ausgang der Verhandlung informiert werden müsse. Sie setzte sich an den Sekretär und verfaßte ein Telegramm an ihn, das mit dem Satz endete: »Du bist jetzt frei und kannst dich ohne viel oder irgendwelche Gewissensbisse rumtreiben«, und unterzeichnete es mit meinem Namen. Joe Willicombe nahm das Telegramm in seinem Büro in San Simeon in Empfang. Er gab es Marion und Mr. Hearst, die es an Eddie weiterreichten, der es allen vorlas; und sie alle erklärten mich zu einer herzlosen Ehebrecherin, die gesteinigt werden müßte.

Im Juli desselben Jahres fuhr Pepi mit Marion und Mr. Hearst nach Europa. Im Oktober fuhr ich mit George nach Europa. Er hatte mich im September aus Washington angerufen, und zwar einen Tag, bevor ich meinen Vertrag für das vierte Jahr bei der Paramount unterschreiben sollte, und mir dabei von einem Gespräch mit dem Regisseur Mont Bell erzählt, der ihn davon unterrichtet hatte, daß B. P. Schulberg mir die vertraglich vorgesehene Gagenerhöhung nicht geben wolle und daß ich deshalb ruhig ein Angebot des deutschen Regisseurs G. W. Pabst annehmen könne, in Berlin einen Film mit dem Titel *Die Büchse der Pandora* zu drehen. Keiner von uns hatte vorher

etwas von Pabst gehört, oder von Wedekinds Lulu-Stücken, nach denen der Film gedreht werden sollte. George sorgte sich allerdings in diesem Augenblick nicht um meine Karriere; ihm ging es vielmehr um den fälligen Entspannungstrip nach Europa. Als George einige Wochen später die ersten Muster von *Die Büchse der Pandora* sah, sagte er: »Scrubbie, du bist großartig!« Außer George und Pabst schien niemand in den nächsten fünfundzwanzig Jahren dieser Meinung zu sein. Nachdem ich in Berlin *Die Büchse der Pandora* sowie einen weiteren Pabst-Film, *Tagebuch einer Verlorenen,* und in Paris unter der Regie von Augusto Genina *Prix de Beauté* gedreht hatte, kehrte ich im Dezember 1929 nach New York zurück; dort fand ich Pepi nicht mehr in der Suite im Warwick, sondern in der scheußlichen, rot-tapezierten möblierten Wohnung in der West 54. Straße Nr. 42 vor. Sie erklärte, daß sie damit selbstauferlegte Buße tue für das Ärgernis, das sie Marion und Mr. Hearst in Hollywood bereitet habe. Alles war nur die Folge einer höchst originellen Wochenend-Party gewesen, die sie im Haus an der Lexington Road in Beverly Hills gegeben hatte, als Charlie und Marions Schwestern Ethel und Rose abwesend waren, was ihr sehr gelegen kam. Zu der Zeit drehte King Vidor mit einer reinen Neger-Besetzung bei der M-G-M den Film *Hallelujah.* Als Pepi am letzten Drehtag das Atelier besuchte, lud sie ganz spontan die lebhafte kleine Nina May McKinney und einige andere Darsteller in das Haus an der Lexington Road ein. Nach drei Tagen rief ein Nachbar, schockiert von dem Anblick der Schwarzen, die dort ein- und ausgingen, Marion an, die Ethel vorbeischickte, um der Party ein Ende zu machen. An diesem Punkt der Geschichte mußte Pepi lachen und ließ alle Anzeichen von Reue fahren. »Niemals werde ich den Ausdruck in Ethels Gesicht vergessen, als sie meine Tür öffnete und mich mit Nina im Bett sah«, sagte Pepi.
Im Januar 1930 gab Pepi mir eine wahrheitsgetreuere Erklärung, warum sie nach New York gekommen war und sich mit roten Tapeten kasteite. Insgeheim sehnte sie sich danach, Filmschauspielerin zu werden, und als Sam Wood ihr 1927 eine kleine komische Rolle in Marions Film *The Fair Co-ed* gab, freute sie sich wie verrückt. Bei den Dreharbeiten sagten ihr alle, wie gut sie sei, aber als der Film in die Kinos kam, hatte man ihre Rolle herausgeschnitten, und Marion tröstete sie mit dem Versprechen einer besseren Rolle in ihrem nächsten Film. Sechs »nächste« Filme waren seitdem gedreht worden, und Pepi erkannte nun, daß niemand wirklich ernsthaft an ihrer Karriere interessiert war – es war nur ein Scherz gewesen. Während sie mir das erzählte, packten wir ihre Kleider ein, denn sie war dabei, wieder ins

Warwick Hotel zu ziehen. Dann läutete das Telefon. Es war Marion, die aus San Simeon anrief. Als Pepi auflegte, rief sie: »Schnell, Watson, die Nadel!« und stürzte aus dem Apartment zu der Schauspielerin Alma Rubens, die im gleichen Gebäude wohnte.
Alma Rubens war der Star mehrerer Filme gewesen, die Mr. Hearst produziert hatte und deren letzter, *The Rejected Woman,* von Metro-Goldwyn-Mayer 1924 herausgebracht wurde. Seitdem hatte ihre Morphiumsucht jede Arbeit fast unmöglich gemacht, und Mr. Hearst sorgte, mit der Zustimmung Marions, für sie. Pepi war ziemlich ernüchtert, als sie nach einer Stunde aus Almas Wohnung zurückkehrte. Sie hatte warten müssen, bis einer von Marions Ärzten kam, um Alma eine Morphiumspritze zu geben. Als Pepi zu ihr kam, war sie wie eine Irre auf- und abgelaufen. Ihr ganzes Geld war an die Drogenhändler gegangen; ein Nerzmantel, den Marion ihr geschenkt hatte, war zum Pfandleiher gewandert; und ihr Arzt hatte sich geweigert, sie weiterhin auf Kredit zu behandeln. »Sie ist nichts mehr«, sagte Pepi. »Nichts als zwei große schwarze erschreckte Augen.« (Alma starb ein Jahr später, am 21. Januar 1931.)
Ich wohnte damals mit einem Untermietvertrag in einem altmodischen Apartment mit drei Kaminen und einer feinen Bibliothek in der Park Avenue an der 56. Straße. Gelegentlich, wenn George nach New York kam, verbrachte er dort eine Nacht. Meine Scheidung war im Juni 1929 rechtskräftig geworden. Nach der Regelung der finanziellen Angelegenheiten war Georges Frau nun dabei, sich von ihm scheiden zu lassen. Aber er hatte jeden Gedanken, mich zu heiraten, aufgegeben, nachdem ich 1929 eine Affäre mit einem anderen Mann gehabt hatte. Aus Stolz und Eifersucht hatte er wieder von mir Besitz ergriffen, aber nun, in einem vernünftigen Licht betrachtet, drohte ich, eine teure Last zu werden. Ich hatte in Europa zweitausend Dollar pro Woche verdient und war mit dreitausend Dollar auf der Bank nach New York zurückgekehrt. Als ich bei der neugegründeten RKO keinen Filmvertrag unterschreiben wollte, hatte ihn das in Wut gebracht, denn mein Wert lag in seinen Augen zu fünfzig Prozent in meiner Rolle als Filmstar. Und das schlimmste war: Mit sorgloser Aufrichtigkeit erzählte er mir, daß die Aufregung, eine verheiratete Frau zu lieben, jetzt nicht mehr da war. (George heiratete 1936 den früheren Filmstar Corinne Griffith. Sie trennten sich in den vierziger Jahren und ließen sich später scheiden.)
George und ich saßen an einem Februarmorgen beim Frühstück, als Pepi hereinplatzte, Feuer und Flamme für ein neues Projekt. Ein Freund der Familie, der Zeitungsverleger Ned McLean, hatte ihr sein

Jagdversteck bei Brooke, Virginia, als Schlupfwinkel angeboten, wo sie sich den Alkohol abgewöhnen und bis zum Rande der Auszehrung auf Diät gehen könne. Das fand sie gut, und sie wollte es tun, wenn ich mitkäme. »Auf keinen Fall«, sagte ich. »Wenn du glaubst, daß ich dich eine ganze Woche allein in den Hinterwäldern Virginias auf der Pelle haben möchte, dann bist du verrückt!« George war da ganz anderer Meinung. Er fuhr für eine Woche nach Palm Beach und meinte, er würde sich besser fühlen, wenn ich auch irgendwohin fahren würde.

Pepi und ich nahmen den Zug nach Washington, wo wir die Nacht in Ned McLeans Stadthaus verbrachten, ehe wir zu seiner Jagdhütte gefahren wurden, die ungefähr sechzig Kilometer südlich am Potomac-Fluß lag. Sein Stadthaus war das berüchtigte Haus in der I Street, wo Edward Beale McLean, Verleger der »Washington Post«, Warren G. Harding zu Gast gehabt hatte, den Präsidenten der Vereinigten Staaten von 1921 bis 1923. Es war ein dunkles, verschwiegenes Haus – ein Haus der Nacht, in dem man sich leicht einen Haufen Männer vorstellen konnte, die Zigarren rauchten, Bourbon tranken, am Pokertisch schwitzten und sich mit den teuersten und diskretesten Huren der Stadt vergnügten. Zwei starke Männer in Hemdsärmeln ließen uns ins Haus und servierten uns auf behagliche Art und Weise das Dinner, wobei sie uns mit musternden Blicken abschätzten und ihre Eindrücke verglichen, während sie Gerichte und Geschirr auf- und abtrugen. Wir hätten vielleicht verstehen können, was sie sagten, wenn wir nicht zwischen zwei Kakadus mit weißen Federkämmen gesessen hätten, die an gegenüberliegenden Seiten des Raums hockten und mit ihrem Schreien und Krächzen eine Blaskapelle übertönt haben würden. Nach dem Abendessen führte uns einer der Männer nach oben ins Familienschlafzimmer, wo Pepi und ich in dem riesigsten Bett, das wir je gesehen hatten, schliefen.

Mr. Lee, Ned McLeans unverheirateter Vetter von anderen Ufer des Potomac in Virginia, hieß uns in der Jagdhütte willkommen, einem unaufwendigen braunen Holzhaus, das im Parterre die üblichen Räume enthielt – Wohnzimmer, Eßzimmer und Küche. Im ersten Stock befand sich, zu Pepis Freude und Überraschung, in dem großen Schlafzimmer über dem Wohnzimmer, das Gegenstück zu dem Bett im Stadthaus. Mr. Lee kam jeden Morgen herüber, um die schwarzen Dienstboten und den Stallburschen zu beaufsichtigen. Er war ungefähr fünfzig, ein ganz und gar bezaubernder Mann. Wir freundeten uns sofort an, denn er konnte noch die Maisfelder von Kansas in meinem Haar riechen. Aber Pepi, dieser weltliche Kobold, war noch nie einem Gentleman aus den Südstaaten begegnet, und sie hielt nicht viel von ihm. Sie nannte ihn Massa Lee und redete mit ihm in einem greulichen Südstaatenakzent, auf den er nicht einging. Im Grunde haßte Pepi das Landleben. Zugegeben: die ersten beiden Tage unseres Besuchs wurden ihr sauer, weil es weder Alkohol noch großartige Mahlzeiten gab; aber während unseres ganzen Aufenthalts verließ sie nicht einmal das Haus. Während Mr. Lee und ich ausritten oder auf dem Potomac Boot fuhren, wälzte sie sich in dem Riesenbett oder ließ im Wohnzimmer die Victrola mit der Bing-Crosby-Platte *Mississippi Mud* laufen. Am Tag unserer Ankunft hatte sie Mr. Lee strengstens befohlen, jeden Abend die Hausbar abzuschließen, nachdem er und ich unseren Scotch-und-Soda getrunken hatten, bevor er nach Hause ging. Als er den zweiten Abend gegangen war, schaltete Pepi den Plattenspieler ab, ging in die Küche, wo sie etwas kaltes Huhn und eine halbe Apfeltorte aß, und ging dann an die Hausbar.

»Stell dir bloß vor«, stieß sie ungehalten aus, »Massa Lee hat den Schnapsschrank abgeschlossen!«

»Aber du wolltest doch, daß er ihn abschließt«, antwortete ich. »Laß mich nur machen«, murmelte sie, ging wieder in die Küche und kam mit einem Beil zurück; mit drei heftigen Schlägen hatte sie die Tür geöffnet. Den Rest der Woche war sie glücklich damit beschäftigt, mit Ned McLeans bestem Rye-Whisky das Landleben aus ihren Gedanken zu vertreiben, sich mit der köstlichen Südstaaten-Küche vollzustopfen und *Mississippi Mud* zu spielen.

Als wir nach New York zurückkehrten, wollte sie mich mit Ned McLean bekannt machen. Er unterhielt eine Suite im Ritz, und eines Nachmittags gingen wir zum Cocktail dorthin. Er war äußerst groß, machte schlenkernde Bewegungen und hatte ein verwöhntes, knabenhaftes Gesicht. Pepi führte die Unterhaltung, die ihn erst dann zum Leben erweckte, als wir über die Schwierigkeit sprachen, unregistrierte Namen für seine Rennpferde zu finden.

Wir verließen das Ritz, um ins Restaurant »21« zu gehen, wo wir uns einen genußvolleren Drink versprachen. Auf dem Weg sagte Pepi: »Ned möchte, daß ich dich frage, ob du mit ihm nach Florida fahren möchtest.«

»Sag ihm ›nein, danke‹«, meinte ich bloß und vergaß ihn.

Im »21« kam ein gutaussehender junger Mann an unseren Tisch, stellte sich vor und setzte sich zu uns. Es war Pare Lorentz, Filmkritiker an Hearsts New Yorker Zeitung »Evening Journal«. Pepi gab mir eine Lektion zur Korrektur meines »Planwagenakzents« – ernsthaft, während sie gleichzeitig eine ihrer früheren Englischlehrerinnen imitierte: »Nein, nein, Mary Louise, wenn man den Feind in die Flucht schlägt, spricht man von ›to rout‹ wie in ›au‹; dagegen folgt man einer ›route‹ wie in ›gut‹. Und es heißt *Ballade von Reading Goal* wie in ›jail‹ und nicht wie in ›gale‹.« Dann kam die Wiederherstellung des Endlauts »t«.

»›Left‹, ›kept‹, ›slept‹«, sprach ich korrekt aus.

»Ja, schon, aber nicht in der korrekten Reihenfolge, Mary Louise. Um ganz akkurat zu sein, müßtest du in der richtigen Reihenfolge – schlafen, ausgehalten werden, verlassen werden – ›slept‹, ›kept‹, ›left‹ sagen.« Pare fand Pepi faszinierend. Als wir aufstanden um zu gehen, bat er sie um ein Rendezvous, und sie wurde plötzlich gehemmt und machte Ausflüchte.

Als wir allein vor dem »21« standen, sagte ich zu ihr: »Warum zum Teufel hast du dich nicht mit Pare verabredet? Er ist ein Schatz.«

»Er arbeitet für Mr. Hearst, nicht wahr?« sagte sie. »Und das ist der einzige Grund, warum er sich mit mir treffen möchte.«

Ende März schaute ich im Warwick vorbei, um Pepi zu besuchen. Ich fand sie im Bett; sie war krank, fieberte und hatte Angst. Sie hatte eine Abtreibung hinter sich und blutete fürchterlich. Das war für mich die erstaunlichste Nachricht seit der jungfräulichen Empfängnis, denn Pepi war, soweit ich wußte, nie mit einem Mann ins Bett gegangen. Sie erklärte, daß sie seit drei Monaten nicht menstruiert hatte und dann schließlich, verzweifelt nach einer Ursache suchend, vor zwei Tagen Marion am Telefon von ihrem Zustand erzählt hatte. Marion sagte ihr, sie solle aufhören, ihre Zeit mit der Suche nach einer Ursache zu vergeuden – und sich sofort einen Termin für eine Abtreibung besorgen. Der Abtreiber stellte fest, daß Pepi schwanger war, und trieb den Fötus am nächsten Tag ab. »Und du weißt nicht, wer der Vater war?« fragte ich bestürzt.

»Nein, das weiß ich nicht«, sagte sie heftig. »Und ich will den Namen des Mannes auch gar nicht wissen, der eine totalbetrunkene Frau vergewaltigt. Es muß Silvester passiert sein, als ich mich auf der Party von Lawrence Tibbett dermaßen betrunken habe, daß irgend jemand mich nach Hause bringen mußte, in mein Apartment in der 54. Straße. Aber ich kann mich nicht erinnern, wer es war – und ich will mich auch nicht daran erinnern, wer es war. Und mehr hab ich nicht dazu zu sagen.« (1935, als Pepi schon tot war, erzählte mir einer ihrer Freunde, ein trüber, gestörter Typ, mit grinsender Zufriedenheit, daß er es war, der sie in jener Silvesternacht 1929 nach Hause gebracht und vergewaltigt hatte. Er fügte hinzu, daß er immer, wenn sich die Gelegenheit bot, seine betrunkenen Freundinnen nach Hause begleitete und den Akt auf dieselbe Weise vollzog.)

Der 1. Juni 1930 führte Marion und Mr. Hearst nach New York, wo sie drei Wochen lang feierten, bevor sie mit dem Schiff nach Europa fuhren. Ich wurde zu einer Geburtstagsparty für Schwester Rose im Ritz eingeladen. George Marshall war in der Stadt und begleitete mich abends um zehn auf die Party. Der Empfangschef des Hotels erwartete mich am Eingang des Speisesaals. »Es tut mir leid, Miss Brooks, aber die Party ist auf einen späteren Termin verlegt worden.« Wir konnten die Musik hören, und wir sahen die Leute im Japanischen Garten hinter dem Speisesaal tanzen. George mußte lachen, ich wurde puterrot, und wir verließen das Hotel. Am nächsten Tag kam Pepi zu mir in die Wohnung und beichtete, daß sie mir furchtbar Unrecht getan habe. Vor einem Jahr, so erzählte sie, hatte sich Rose, in Konkurrenz zu ihrer Schwester Marion, ihren eigenen wohlhabenden, verheirateten, berühmten Verleger, nämlich Ned McLean, geangelt und war seine Geliebte geworden; Pepi fand ihre Operetten-Auftritte als Fin-de-siècle-Kurtisane einfach widerwärtig, und sie hatte nun beobachtet, daß Ned, immer wenn er nüchtern genug war, um aktiv zu werden, quer durchs Land streifte und sich bemühte, seiner Geliebten zu entkommen. Er hatte einige Zeit allein im Ritz gewohnt, als er Pepi anrief und sie bat, ihn mit mir bekannt zu machen. »Nun siehst du also, wie so was passiert«, sagte sie. »Vorletzten Abend kam es zwischen Rose und mir zu einem Streit, und ich konnte es mir nicht verkneifen, ihr zu erzählen, daß Ned dich gebeten hatte, mit ihm nach Florida zu fahren. Sie ist an die Decke gegangen, aber ich habe erst heute früh erfahren, daß sie dich von der Party ausgeschlossen hat. Marion und Mr. Hearst war es füchterlich peinlich, und sie möchten, daß ich dich zum Dinner ins Warwick mitbringe.«

Mr. Hearst war nicht das Ungeheuer, als das Marion ihn schilderte. Er verschlang seine hübschen weiblichen Gäste nicht – er liebte sie. In San Simeon war ich zweimal vor ihm davongelaufen – einmal, als er mich überraschte, wie ich mir am Pool das Haar trocknete, und ein andermal, als ich mir in seiner Bibliothek eine seltene Dickens-Ausgabe ansah –, denn allzu deutliches Interesse von seiner Seite konnte die von Marion verfügte Verbannung sowohl von der Ranch als auch aus Louella Parsons' einflußreicher Kolumne zur Folge haben. Im Gegensatz zu ihrem Ruf, eine reizende, großzügige Freundin zu sein, war Marion auf jedes hübsche Mädchen, das Mr. Hearst ins Auge fiel, tatkräftig eifersüchtig. Ich befand mich bei Peggy und Blumie in Larchmont, als Pepi anrief und mich einlud, zum Dinner im Warwick

William Randolph Hearst (2. von links) mit seinen Söhnen William jr. (links), George und John (rechts)

nach New York zu kommen, am Freitag vor der mitternächtlichen Abreise der Olympic am 21. Juni. Sie selbst fuhr mit Hearst und Marion nach Europa. Blumie schickte Bert, seinen schwarzen Chauffeur, und mich in seinem silbernen Stadt-Rolls-Royce in die Stadt. Es war ein langweiliges Dinner: Man putzt sich auf und setzt sich hin. Rechts neben mir saß Albert Kobler, ein kleiner, älterer Hearst-Manager, der mir etwas von seinem dreistöckigen Apartment in der Park Avenue erzählte – »mit einem Rembrandt in jeder Ecke«. Wie bei allen Abschiedsparties, die man zu jener Zeit vor dem Anbordgehen feierte, wurde sehr viel getrunken, und als ich gerade in Blumies Rolls steigen wollte, um mich zur Pier fahren zu lassen und an Bord der Olympic ein letztes Lebewohl zu sagen, wurde ich von einem anderen kleinen, älteren Mann aufgehalten, der betrunken war und mich ärgerlich anfuhr: »Wie kommen Sie eigentlich dazu, in dieses Auto zu steigen? Ich bin der Vater von Marion Davies! Ich bin Richter Douras! Und ich erkenne Marions Autos auf den ersten Blick, und dies hier ist Marions Auto!« Am Ende überredete Bert den Richter, mir zu erlauben, mit ihm in »Marions Auto« zur Pier zu fahren. Auf dem Promenadendeck gesellte ich mich zu einer Menge faszinierter Passagiere, die zuschauten, wie Marion und Dorothy Mackaill und Eileen Percy betrunken, untergehakt und die Beine werfend eine alte *Ziegfeld-Follies*-Nummer tanzten, der erst von Marions Zofe ein Ende gesetzt wurde, die sie von der Szene zerrte. Ich verließ das Schiff, ohne noch nach Pepi zu suchen und mich von ihr zu verabschieden.

Als mein Tanzpartner Dario und ich am Montagabend, dem 15. April 1935, unsere Elfuhr-Show im Capitol Theatre beendet hatten, wartete hinter der Bühne Pepi mit Monica Morris und einem riesigen Korb Rosen auf uns. Monica und sie waren am Morgen in New York eingetroffen und wollten uns jetzt zum Supper im Ritz Tower einladen.

»Hast du das Vorspiel gesehen?« fragte ich Pepi.

»Zum Teil«, sagte sie ungeduldig und uninteressiert. »Nun beeil dich bitte und zieh dich um, es warten Leute auf uns im Hotel.« Während ich mich umkleidete, sagte ich mir: »Natürlich hat sie sich verändert – es ist fünf Jahre her, seit ich sie gesehen habe. Sie ist erwachsen geworden; sie ist fünfundzwanzig Jahre alt. Aber warum sollte sie es so eilig haben, mich mit einem Korb Rosen zu begrüßen und mich dann mit solcher Gereiztheit behandeln?« Im Ritz Tower erwarteten uns die

Komikerin Beatrice Lillie, der Schauspieler Roger Davis und die wunderschöne Gloria Morgan Vanderbilt. Ich setzte mich zu Gloria, damit ich ihrem bezaubernd-sanften spanischen Lispeln zuhören konnte. (Ihre Mutter, Mrs. Harry Hays Morgan, war Halb-Chilenin und in Santiago geboren.) So entzückend, als rezitiere sie das Gedicht von der Eule und dem Kätzchen, begann sie, mir ihre Geschichte zu erzählen, wie die Schwester ihres Ex-Gatten, Mrs. Harry Payne Whitney, die Vormundschaft ihrer Tochter, der kleinen Gloria, und die Verwaltung ihres festangelegten Fünfmillionen-Dollar-Vermögens an sich gerissen hatte – indem sie nämlich die große Gloria einer »zweifelhaften Beziehung« mit Nada, Lady Milford Haven, bezichtigte. Während sie erzählte, beobachtete ich Monica. Sie war klein, dunkel, voll Pikanterie, und in den höchsten Tönen ihres Londoner Akzents genoß sie triumphierend ihre glorreiche Situation und die Aussicht auf den Besuch in »Mr. Hearsts Schloß in San Simeon«. Mit flinker Aufmerksamkeit widmete sie sich Bea Lillie, brachte ihr einen zweiten Scotch-Soda, nach dem Bea von ihrem Stuhl aufstand, mit Roger eine Song-and-Dance-Nummer aufs Parkett legte und sich dann wieder hinsetzte, um aufrecht auf ihrem Stuhl ein ordentliches Nickerchen zu machen. Pepi saß mit Dario zusammen, und ihr Verhalten glich jetzt viel mehr dem der alten Pepi. Er war ein ungarischer Immigrant, der die luxuriöse Hearst-Atmosphäre ungewohnt fand, und Pepi half ihm, sich heimisch zu fühlen, indem sie teilnahmsvoll seiner Lebensgeschichte lauschte. Als ich mich zu ihnen setzte, erzählte er ihr gerade von seinen großen Erfolgen im Gesellschaftstanz. »Wenn ich am Donnerstag mein Gastspiel im Capitol beende, werde ich eine Woche in Louisville beim Kentucky-Derby tanzen«, sagte er.
Pepi sah mich durch die langen, glatten Fransen ihrer bernsteinfarbenen Wimpern an. »Sagen Sie doch, Miss Brooks, werden Sie nach Kentucky fahren, um Dario tanzen zu sehen?«
Einige Wochen später, als Pepi wieder in New York war und ich im Buckingham Hotel im Bett lag und las, rief sie mich an und fragte, ob sie mich gegen vier Uhr besuchen könnte. Ich sagte zu. Um vier telefonierte ich mit Avis Golden, der Tochter des Schriftstellers Rupert Hughes, und erzählte ihr den neuesten Klatsch. Unter viel Gelächter schilderte ich ihr den Mack-Sennett-Slapstick vom vergangenen Abend im Ritz Tower – Monica hatte mich und ich hatte Pepi von Zimmer zu Zimmer verfolgt. Als ich auflegte, klopfte Pepi an meine Tür und kam ins Schlafzimmer. Sie sagte, sie habe zehn Minuten im Flur gestanden und mein Gespräch mit Avis angehört. »Alles, was du Avis erzählt hast, wird sie Marie Glendinning erzählen, ihrer Nach-

barin in Greenwich Village, und Marie wird es Marion erzählen«, sagte sie.
»Und was«, fragte ich, »was habe ich Avis erzählt, was Marie und Marion nicht längst wissen?«
Wir waren beide wütend, auf ganz verschiedene Art und Weise. Pepi saß auf meiner Bettkante und starrte mich äußerst bedrohlich an, während ich, in meine Kissen gedrückt, mit kalter Verachtung zurückstarrte. Nach einem toten Punkt stand sie auf und verließ schweigend das Zimmer. Später machte ich mir Vorwürfe, daß ich mich am Telefon mit Avis über sie lustig gemacht hatte. Ich wollte sie anrufen und mich bei ihr entschuldigen, aber da sie unter Drogen stand, wäre sie vielleicht noch wütender geworden. So packte ich meine Schuldgefühle mit meinen Tanzschuhen ein und fuhr noch am gleichen Abend nach Kentucky, um »Dario tanzen zu sehen«.
Dario und ich begannen unser Gastspiel im Persian Room des Plaza am 10. Juni 1935. Am nächsten Tag rief mich John McClain an, ein Hearst-Kolumnist und einer meiner engen Freunde, und sagte, daß er die Meldung soeben aus dem Fernschreiber genommen habe, daß sie nicht veröffentlicht würde, daß er aber glaube, sie mir mitteilen zu müssen – Pepi hatte soeben Selbstmord begangen, mit einem Sprung aus dem Fenster der psychiatrischen Abteilung des Krankenhauses zum Guten Samariter in Los Angeles. Während ich in den Spiegel sah und meine Frisur, mein Make-up und mein Kostüm für die Dinner-Show überprüfte, mußte ich daran denken, daß ihr gefürchteter Besuch in Hollywood genau sechs Wochen gedauert hatte.
Fünf Tage nach Pepis Beerdigung traf Monica in New York ein. Sie rief an und bat mich, zu ihr zu kommen, in Tallulah Bankheads Suite im Gotham Hotel, damit sie mir von Pepis Tod berichten könne. Ich traf sie allein an; sie war schwarzgekleidet, angemessenerweise voll mit Kokain und bereit, das meiste aus der einzigen Rolle zu machen, die sie jemals in der Welt der Prominenz spielen würde. Sie hatte Pepi schon fast völlig aus der Tragödie gestrichen, und ich bekam über die Umstände ihres Todes nichts weiter zu hören als bruchstückhafte Kommentare, die ich mit dem zusammenfügte, was ich von John McClain wußte. Als Pepi und Monica nach Kalifornien kamen, zogen sie in das Haus in Beverly Hills. Marion und Mr. Hearst waren in San Simeon, aber es erging keine Einladung an Pepi und Monica, sich ihnen dort anzuschließen. Im Haus in Beverly Hills gab es keine glänzenden Feste, und Monica langweilte sich zunehmend im Familienleben der Davies-Verwandtschaft. Dann, ohne Vorwarnung, ließen Marion und Mr. Hearst Pepi zu einer Entziehungskur ins Kranken-

haus einweisen. Ehe man sie abholte, hatte sie nur noch Zeit, sich ihren Diamantenring vom Finger zu streifen und ihn Monica zu geben. Im Krankenhaus ließ die Schwester sie einen Augenblick allein in einem Zimmer, dessen Fenster mit Stahldrahtgittern gesichert war. In verzweifelter Agonie muß diese kräftige Frau von einhundertachtzig Pfund mit einem starken Anlauf zum Sprung angesetzt haben, um das Fenster und das Drahtgitter zu durchbrechen, und sie schlug mit einer solchen Gewalt am Boden auf, daß sie sich (der Autopsie zufolge) das Rückgrat und fast jeden Knochen im Körper brach.

»Aber der Diamantenring, Monica?« fragte ich. »Wußtest du denn nicht, daß er Pepis *einziger* kostbarer Besitz war – daß sie ihn nie vom Finger genommen hat, seit sie ihn von Marion zu ihrem achtzehnten Geburtstag geschenkt bekam? Hattest du denn keinen Verdacht, als sie ihn dir gab, bevor sie allein in die Psychiatrie abtransportiert wurde?«

»Nein – aber das ist jetzt auch egal. Sie haben ihn mir wieder abgenommen. Sowie Marion und Mr. Hearst von Pepis Selbstmord erfahren hatten, ließen sie mein Gepäck durchsuchen. Ein Bündel von Briefen Pepis an mich wurde mir abgenommen – zweifellos aus Angst vor Erpressung. Dann wurde mir der Diamantenring vom Finger gezogen und mir wurde mitgeteilt, daß ich sofort nach der Beerdigung ausgewiesen werde.« Monica lachte und streichelte beruhigt ihre Handtasche, die ein Hearst-Davies-Dampferticket nach Southampton und tausend Dollar in bar enthielt. »Aber ich muß schon sagen – ihr Hollywood-Leute seid doch sehr komisch –, besonders dann, wenn ihr so seriös tut«, sagte sie. »Die Beerdigungsfeier in Mr. Hearsts Privatkapelle hatte gerade angefangen, als diese große, blonde Schauspielerin, die Freundin Marions, die beim Dinner auf der Ranch immer aufsteht und komische Reden hält – wie heißt sie doch noch?«

»Katherine Menjou«, sagte ich.

»Ja«, sagte Monica und mußte wieder lachen. »Diese Katherine Menjou kam den Gang entlang mit einem großen, weißen, federgeschmückten Hut und einem weißen bauschigen Kleid mit großen runden schwarzen Punkten, und sie lächelte und winkte allen Leuten zu, als begrüße sie Freunde auf einem Gartenfest. Sie stahl der armen kleinen Pepi, die in ihrem Bronzesarg lag, wirklich die Schau.«

4 Humphrey und Bogey

Humphrey Bogart verbrachte die letzten einundzwanzig Jahre seines Lebens mit der mühseligen Arbeit, die etablierte Persönlichkeit eines Mannes in mittlerem Alter, die aus dem konventionellen, wohlerzogenen Theaterschauspieler namens Humphrey hervorgegangen war, in einen Charakter zu verwandeln, der seinen Filmrollen entsprach – den eines aufsässigen harten Burschen, bekannt als Bogey. Seit seinem Tod im Jahr 1957 haben die Biographen, die den Bogey-Kult pflegen, ihn in einen Kinoheiligen – St. Bogart – umgeformt, an dem ich keine Spur jenes Humphrey, dem ich 1924 zum ersten Mal begegnet bin, oder jenes Bogey, den ich 1943 zum letzten Mal gesehen habe, finden kann. Die frühesten Skizzen der biographischen Porträts zeichnen ihn bereits als »Einzelgänger«, als einen Mann der »Selbstbestimmung«, der »alle seine Entscheidungen allein« trifft, ohne Rücksicht auf irgendwelche Dinge, die über unmittelbare Befriedigung hinausgehen. Diese Charakterisierung reicht aber zur Beschreibung eines Hollywood-Schauspielers des zwanzigsten Jahrhunderts nicht aus. Da ich selbst eine geborene Einzelgängerin bin, die durch eine Karriere beim Theater und im Film zeitweilig von ihrem Eremitenpfad abgelenkt wurde, vermag ich kategorisch zu erklären, daß es in Bogarts Zeit keinen anderen Beruf auf der Welt gab, der so sehr der Versklavung glich wie die Karriere eines Filmstars. Seine Selbstbestimmung galt nur in einer Hinsicht: Er konnte einen Filmvertrag unterschreiben oder nicht. Wenn er den Vertrag unterschrieb, machte er sich zum Untertan jener Leute, die seine Gage zahlten und seine Filme herausbrachten. Wenn er den Vertrag nicht unterschrieb, war er kein Filmstar. Als ich 1928 bei der Paramount unter Vertrag stand, beschwerte ich mich zum Beispiel darüber, daß ich gezwungen war, in Hollywood herumzuhangen und darauf zu warten, irgendeinen Film zu drehen. »Dafür bezahlen wir Sie doch – für Ihre Zeit«, war der schroffe Kommentar aus der Chefetage. »Sie meinen mein Leben«, sagte ich mir. Als das Aufkommen des Tonfilms die Kürzung der Schauspielergagen ermöglichte und ich der einzige Mensch im Paramount-Studio war, der sich weigerte, eine Kürzung hinzunehmen, wodurch ich meinen Vertrag verlor, bezweifelte ich sehr, ob solch »unabhängige« Entscheidungen meine Karriere verlängern würden. Als ich als einzige von den Schauspielern mich weigerte, ins Atelier zurückzukehren, um eine Tonfilmfassung von *The Canary Murder Case* zu machen, meinem letzten Stummfilm dort, überschüttete mich die Paramount mit häßlicher Publicity und machte meine Zweifel zur Gewißheit. Ich kam auf die schwarze Liste. Keines der großen Studios engagierte mich noch für einen Film. Immer wenn in späteren Jahren Bogart sich bei Warner Brothers den Aktivitäten von James Cagney und Errol Flynn anschloß und für bessere Filme und mehr Geld streikte, machte die Filmgesellschaft daraus ein heiteres Spiel. Sie billigte den Schauspielern eine Phase des Triumphs zu, in der sie sich wie die Herren des Ateliers vorkommen durften; die Publicity, die diese Scheingefechte aufwirbelten, war kostenlos und gewinnbringend; und während die Schauspielergagen ausgesetzt waren, wurde eine Menge Geld eingespart. Studioverträge waren schon immer ein Witz gewesen, was die Schauspieler anging. Die Studios konnten nach Belieben vertragsbrüchig werden; die Schauspieler waren gebunden: durch ihre Angst vor arm machenden Prozessen und vor dauernder Arbeitslosigkeit.

Als Einzelgängerin zähle ich zu meinen kostbarsten Rechten jene beiden, die mir erlauben, die Zeiten meines Alleinseins selbst zu wählen, und die mir erlauben, die Leute zu wählen, mit denen ich die Zeiten meines Nichtalleinseins verbringen möchte. Für einen Filmstar dagegen ist es erschreckend, einen Augenblick allein gelassen zu werden. Es ist das erste Zeichen auf dem Weg, der in die Vergessenheit führt. Selbstverständlich kann sich ein Schauspieler nicht aussuchen, mit welchen Leuten er arbeiten möchte oder wann und wie er mit ihnen arbeiten möchte. Er geht zur Arbeit zu einer Zeit, die das Studio bestimmt. Er verbringt seinen Arbeitstag nicht nur unter der Kontrolle seines Regisseurs, sondern auch unter der Kontrolle des Drehbuchautors, des Kameramanns, der Kostümabteilung und des Publicity-Büros. Da Publicity das Lebenselixier des Startums ist, ohne das der Star sterben muß, muß er ebenso selbstverständlich dafür sorgen, daß genügend von seinem Privatleben publik wird, denn das erst speist den Neid und die Neugier, durch die viele Leute in die Filmtheater gelockt werden. Zu Recht hatte Bogart seine frühere Erfolglosigkeit am Theater und im Film weitgehend dem Mangel an Publicity-Qualitäten zugeschrieben; von dem Augenblick, als er sich 1936 fest an Warner Brothers band, war er deshalb entschlossen, sämtliche Zeit, die er nicht vor der Kamera verbrachte, mit Journalisten und Kolumnisten zu verbringen, die für ihn dann den privaten Charakter Bogey erfanden. Sie schmiedeten sich ihn zu dem erwünschten Kleiderhaken zurecht, zum Aufhänger für ihre alten Lieblingsanekdoten und Barlegenden. Bogeys Charakter basierte zum kleinen Teil auf seinen Filmrollen; zum größeren Teil basierte er jedoch auf den Streichen jener Gangster, die der Filmproduzent und ehemalige Journalist Mark Hellinger idolisierte. Während der letzten zehn Jahre seines Lebens ließ Bogart es zu, daß die Journalisten ihn der Welt präsentierten als groben, betrunkenen Unhold und als Marionetten-Jago, der das Böse schürt, ohne ein Motiv zu haben. Er war keines von beiden.

1924 war mein erster Eindruck von Humphrey Bogart der eines schlanken jungen Mannes mit reizenden Manieren, der für einen Schauspieler ungewöhnlich ruhig war. Sein hübsches Gesicht bekam durch den sehr schönen Mund einen außergewöhnlichen Ausdruck. Er hatte sehr volle, rote und vollkommen geformte Lippen – das heißt, vollkommen zwar, doch die völlige Faszination wurde erst durch ein narbiges, knubbliges Stückchen bewirkt, das ihm in einem Mundwinkel von der Oberlippe wie ein winziger Lappen herabhing. Als Humphrey zum Film ging, vernähte ein Chirurg diesen Lappen, und es blieb nur eine kleine Narbe zurück. Für die Kamera war es ein Gewinn, aber ich vermißte diese liebenswerte Entstellung. Die Narbe auf seiner Lippe ist seitdem zum Symbol seines Heroismus geworden. In den damaligen Jahren nahm man einfach an, daß er in einer illegalen Kneipe eins aufs Maul bekommen hatte. Wenn Humphrey trank, wurde er schnell müde und schlief gelegentlich ein (wie in *Casablanca*), den Kopf in den Armen auf dem Tisch. Wenn er abrupt wachgerüttelt wurde, sagte er meist etwas Rüdes und bekam dafür manchmal eins gewischt. Einmal ließ er sich absichtlich den Riß in der Lippe nicht nähen, denn er liebte und haßte seinen schönen Mund. In den zwanziger Jahren waren Amerikas Schönheitsvorstellungen ausschließlich angelsächsisch geprägt, und vulgäre Leute machten sich über Humphreys »Niggerlippen« lustig. Die Lippenverletzung behinderte ihn nicht beim Sprechen, weder vor noch nach der Operation. Als er aber schließlich ganz groß im Film einschlug und beobachtete, wie sehr ein ungewöhnliches Merkmal, etwa Clark Gables große Ohren, den Publicity-Wert eines Stars steigerten, beschloß er, aus seinem Mund Kapital zu schlagen. Im Lauf der Jahre betrieb Bogey alle möglichen Arten von Lippengymnastik und übte sich im nasalen Sprechen, Knurren, Nuscheln und Lispeln. Sein schmerzhaftes Zucken, sein tückischer Blick und sein teuflisches Grinsen waren in ihrer Art die gelungensten Leistungen, die man jemals im Film zu sehen bekam. Nur Erich von Stroheim war ihm im Lippenzucken überlegen. Aber 1924 in New York sprach Humphrey seinen Text mit einer wohl-

geführten Baritonstimme und einer guten Diktion, in der kleinen Rolle, die er in dem Stück *Nerves* bekommen hatte. Auch Mary Philips hatte eine kleine Rolle in *Nerves*. Kenneth MacKenna spielte eine Hauptrolle. Die Nerven im Stück hätten sicherlich viel stärker geflattert, wenn die Schauspieler gewußt hätten, daß Humphrey, nachdem er Helen Menken geheiratet hatte und sich von ihr scheiden ließ, Mary Philips heiraten würde, und daß Kenneth, nachdem er Kay Francis geheiratet hatte und sich von ihr scheiden ließ, Mary Philips heiraten würde, die inzwischen von Humphrey geschieden war.
Im Hinblick auf künftige Konstellationen war die Broadway-Theatersaison 1925/26 sogar noch interessanter. James Cagney, der bei Warner Brothers den rothaarigen Widerpart von Humphrey spielen sollte, trat in *Outside Looking In* auf; Leslie Howard, der es Humphrey erst ermöglichen sollte, Cagneys Gegenspieler zu werden, trat in *The Green Hat* auf; Helen Menken spielte in *Makropoulos Street*; Mary Philips war in *The Wisdom Tooth* zu sehen; und Bogarts Ehefrau Nr. 3, Mayo Methot, spielte in *Alias the Deacon*. In *The Cradle Snatchers* spielte Humphrey einen jungen Collegestudenten, den sich die nicht mehr ganz junge Mary Boland schnappte, während fern vom Theater in der Bronx die einjährige Lauren Bacall in ihrer Wiege lag und noch warten mußte, bis Bogey sie sich zwanzig Jahre später als seine Ehefrau Nr. 4 schnappen würde.
Von der Saison 1921/22, in der Humphrey zum ersten Mal am Broadway auftrat – mit Alice Brady in *Drifting* –, bis zur Saison 1929/30, als er seinen ersten Hollywood-Vertrag erhielt, wurden in New York 2044 Theaterstücke aufgeführt. Von den vielleicht 2000 jungen amerikanischen Schauspielern, die in diesen Stücken auftraten, wurden außer Bogart nur noch vier große Filmstars: Cagney, Spencer Tracy, Fredric March und Clark Gable. Und das ist doch – wenn es auch gewöhnlich nicht immer so offenherzig zugegeben wird wie von Barbra Streisand, die einmal sagte: »Richtig berühmt sein, heißt für mich: ein Filmstar sein« – das Ziel aller Theaterschauspieler.
1930 war Humphreys Erfolglosigkeit in Hollywood ebenso vorhersehbar wie Cagneys Erfolg. Cagney hatte seinen Rollencharakter bereits im Theater auftrumpfend perfektioniert. In dem Stück *Penny Arcade*, das ihm seinen Filmvertrag bei Warner Brothers einbrachte, trat Cagney als der gleiche kleine Killer auf, der ihn im Film berühmt machte. Bogart wurde aus dem Stück *It's a Wise Child* ausgewählt, in dem er einen Schuft von Gentleman spielte und ihn nichts als sein gutes Aussehen den Hollywood-Produzenten empfahl, die noch gar nicht wußten, wie sie ihn in Bogey ummodeln sollten. Bogart zitierte

Humphrey Bogart

als seine Lieblingskritik über seine Bühnenrollen gern den Theaterkritiker Alexander Woollcott, der seine Darstellung in *Swifty* »inadäquat« genannt hatte. Überhaupt in einer Kritik erwähnt zu werden, bedeutete für Bogart schon so viel wie Lob. Auf der Bühne nahm er so wenig Gestalt an wie ein Eindruck, der sich verflüchtigt, wie ein Name, der mit Tinte auf Löschpapier geschrieben wird.
In den Zwanzigern herrschte in Amerika, überwacht von alten Produzenten wie David Belasco, ein Inszenierungsstil, der zurückreichte zu der fieberhaften Technik des englischen Theaters, bevor die Stücke Ibsens, Tschechovs und Shaws es revolutionierten und das einführten, was Lytton Strachey »einen neuen, ruhigen und subtilen Stil der Schauspielkunst – einen Prosastil« nannte. In New York erkannten wir erst, wie schlecht unsere Regisseure und Schauspieler waren, als die neuen, jungen englischen Stars am Broadway auftraten. Da war Lynn Fontanne in *Pygmalion*, Roland Young in *The Last of Mrs. Cheyney*, Leslie Howard in *Berkeley Square*, und da waren Gertrude Lawrence und Noel Coward in *Private Lives*. Diese wunderbaren Schauspieler des Realismus sprachen ihren Text so natürlich, als wäre er ihnen eben erst in der Situation eingefallen. Sie bewegten sich auf der Bühne mit Zwanglosigkeit. Und sie hörten tatsächlich zu, was die anderen Schauspieler sagten: Sie *reagierten* tatsächlich darauf. Die konventionelle Broadway-Technik jener Zeit brachte eher hemmungslose Selbstdarstellung auf die Bühne als Schau-Spieler, präsentierte eher Kämpfe als Theaterstücke. Ziel eines jeden Schauspielers war es, den Text des anderen Schauspielers abzuwürgen – besonders, wenn es um Pointen ging. Ina Claire war dafür berühmt, daß sie anderen Schauspielern bei deren Text mit einem großen Chiffontuch vor dem Gesicht herumwedelte und sie zwang, mit dem Rücken zum Publikum zu spielen. Und weit davon entfernt, deswegen kritisiert zu werden, beneidete man sie um solche Tricks.
Als Bogart nach dreizehnjähriger Konditionierung durch diese Art von »Bühnenschauspielerei« eine Rolle in Robert Sherwoods *The Petrified Forest* bekam, dessen Premiere – mit Leslie Howard in der Hauptrolle und unter der Regie von Arthur Hopkins – im Januar 1935 stattfand, konnte ihn nur eine ehrgeizige Suche befähigt haben, in Leslie Howards ruhiger, natürlicher Spielweise einen Stil zu erkennen, den er seiner eigenen Person anpassen konnte, einen Stil, der ihn für *The African Queen* vorbereitete. In diesem Film gestaltete er seine Rolle allein mit seiner Stimme. Nur unbeugsame Willenskraft konnte ihn dazu befähigt haben, seine eingefleischten schauspielerischen Angewohnheiten abzulegen, um sich noch einmal der bewußten Selbst-

marter zu unterwerfen, die Schauspielkunst neu zu erlernen. Die Zusammenarbeit mit Leslie führte dazu, daß er die Rolle des Duke Mantee erst auf der Bühne und später auch im Film meisterte; doch die Filme der folgenden fünf Jahre offenbaren den schrecklichen Kampf um die Vorherrschaft zwischen der neuen Bogey-Technik und den alten Bühnengewohnheiten Humphreys. Unter einem dürftigen Regisseur wie Frank McDonald in dem Film *Isle of Fury* war er wieder Humphrey, der seinen auswendig gelernten Text aufsagte und in Posen verfiel, während er darauf wartete, daß die anderen Schauspieler ihren Dialog abgeliefert hatten. In *Dark Victory*, unter dem großen Regisseur Edmund Goulding, der auch ein großer Clown war, und im Zusammenspiel mit der gefühlsgeladenen Bette Davis, die auf das Stichwort »Kamera!« loslegen konnte, war er von der grotesken Verlegenheit eines Amateurs befallen. Im Gegensatz zu den meisten »technischen« Schauspielern reagierte Humphrey äußerst empfindlich auf seinen Regisseur. Aber wie die meisten Schauspieler vom Theater brauchte er sehr lange, um eine Atmosphäre aufzubauen, an der er dann mit grimmigem Ernst festhielt. In *The Roaring Twenties* brachte Cagney ihn aus der Fassung, verwirrte ihn und spaltete ihn wieder in Bogey und Humphrey auf. Cagneys flinker Dialog und seine flinken Bewegungen, die mit der blitzenden Präzision eines Hackmessers trafen, ließen sich unmöglich voraussehen oder parieren. Humphrey war am besten, wenn er mit weniger inspirierten, eher technischen Regisseuren wie Walter Huston arbeitete. Und er war auch am besten, wenn er unkomplizierte, einsilbige Charaktere spielte, wie den Klein-Gangster in *San Quentin*. Seine sinnlose Jagd nach dem Tod wurde pathetisch, ja nobel, weil sie der gleichen unbezwingbaren Ausdauer entsprang, mit der er dem Status eines Stars nachjagte. In *The Maltese Falcon* war seine Rolle auch unkompliziert, aber zuviel Dialog verriet die Tatsache, daß seine miserable Theaterausbildung ihm eine permanente Angst vor Worten eingejagt hatte. In kurzen Dialogpassagen maskierte er diese Angst klug mit seinen Tricks von Mund und Stimme; aber wenn ihm, wie in diesem Film, teilweise die Last der Erklärungen aufgebürdet wurde, trübten sich seine Augen und sichtbare Comicstrip-Blasen legten sich um seine Dialoge. Noch unglücklicher fielen seine Versuche aus, in *Across the Pacific* bei Mary Astors Schlagfertigkeit mitzuhalten. In seinen letzten Filmen war es nicht der Bühnen-Humphrey, der Bogey besiegte – es war vielmehr der wirkliche Mann, Humphrey Bogart, dessen ursprüngliche Trägheit immer schon seine Karriere bedroht hatte. Als tote Seele, die auf Erlösung durch den Tod wartet, war er in *The Desperate Hours* unvergleichlich, bis unerklärlicherweise sein sentimentales Herz zu schlagen begann und er den Film an Fredric March abgab. Ehe jedoch diese Trägheit einsetzte, spielte er noch unter der gescheiten Regie von Nicholas Ray einen faszinierend vielschichtigen Charakter, in einem Film, dessen Titel Bogarts eigene Isolierung unter den Menschen vollkommen bezeichnete. Das war der Film *In a Lonely Place*. Er bot ihm eine Rolle, die er mit Vielschichtigkeit spielen konnte, weil die Eigenschaften der Filmfigur – Stolz auf die eigene Kunst, Selbstsucht, Vorliebe für Alkohol, Mangel an Energie, durchzuckt von Blitzschlägen der Gewalttätigkeit – auch beim wirklichen Bogart zu finden waren. In seinem Vorwort zu *Der Arzt am Scheideweg* schrieb Shaw: »Kein Mensch, der an einer schwierigen Sache arbeitet und sie sehr gut ausführt, wird jemals seine Selbstachtung verlieren... Der gewöhnliche Mensch mag seine Selbstachtung auf Nüchternheit, Ehrlichkeit und Fleiß gründen müssen; aber ein Künstler braucht solche Stützen nicht für seine Würde... In Wahrheit hat kaum einer von uns genügend ethische Kraft, um seine Ehre in mehr als einem Punkt wirklich unbeugsam zu verteidigen... Ein Schauspieler, ein Maler, ein Komponist, ein Autor mag so selbstsüchtig sein wie er will, ohne daß das Publikum ihm daraus einen Vorwurf macht: wenn nur seine Kunst vorzüglich ist; und er kann diese Bedingung nicht erfüllen, ohne ausreichende Bemühungen und Opfer, die ihm das Gefühl geben, trotz seiner Selbstsucht edel zu sein und gemartert zu werden.«

Oberflächlich gesehen glich Humphrey im Charakter und in der Lebensweise so wenig dem sicheren und gemäßigten Leslie Howard, daß nicht unmittelbar einsichtig ist, was Leslie dazu veranlaßte, ihn anzuleiten und für ihn zu kämpfen: aber Leslie tat beides. Ich hätte den Grund seiner Sympathie für Humphrey niemals erfahren, wenn ich Leslie nicht im November 1931 in New York kennengelernt hätte, als er in den Proben für sein neues Stück *The Animal Kingdom* steckte.

Am Nachmittag meines fünfundzwanzigsten Geburtstags verkündete mein Freund George Marshall, daß er diesen Anlaß zu feiern gedenke, und er lud mich zum Dinner im Casino im Park ein, mit Leslie Howard und seiner Frau. Das überraschte und freute mich, nicht nur, weil George mir wegen meiner Ablehnung eines Hollywood-Angebots von der neuen RKO böse gewesen war, sondern auch, weil er ungern unnötiges Geld für mich ausgab. (Als ich – 1960 – das letzte Mal mit ihm telefonierte, fragte er sich immer noch, warum er mir 1928 einen Nerzmantel geschenkt hatte.)

Was die Unterhaltung anging, war die Dinner-Party nicht gerade ausgeglichen. Wenn ich mit George zusammen war, redete ich wenig, weil ich fürchtete, er könnte bei einer meiner Bemerkungen nachhaken und mich ausfragen, wie ich meine Zeit während seiner Abwesenheit in Washington verbrachte. Leslie, der die Einladung offenbar angenommen hatte, weil ihm Georges gesellschaftliches Auftreten gefiel, sagte gar nichts. Mrs. Howard, eine große Engländerin, die eher wie Leslies Mutter aussah als wie seine Frau, versuchte hier und da einige freundliche Bemerkungen in den Strom von Georges witzigen Geschichten einzustreuen, aber seine laute Stimme und das Orchester von Eddie Duchin im Hintergrund machten es ihr schwer, damit durchzudringen. George war ein großer, körperlich kräftiger Mann von fünfunddreißig Jahren. Am Ende jeder Geschichte lachte er selbstgefällig laut auf und klopfte Leslie dann mit einer solchen Begeisterung auf die Schultern, daß Leslie über dem Tisch zusammenknickte wie eine Pappfigur.

Nach dem Essen forderte George Mrs. Howard zum Tanzen auf; Leslie und ich blieben allein am Tisch und blickten uns an.

Ich eröffnete die Unterhaltung: »Ich hasse mein Kleid. Bernard Newman bei Bergdorf Goodman hat es mir aufgeschwatzt, aber es ist viel zu jugendlich für mich.«

Leslie studierte das Kleid – ein salatgrünes Abendkleid aus Organza mit langem Rock, kurzen Ärmeln und einem Babykragen. Ich drehte mich auf meinem Stuhl, um ihm die Schleife auf dem Rücken zu zeigen. »Was tragen Sie denn gewöhnlich?« fragte er.

»Och, irgend etwas Weißes und Glitzerndes, mit freiem Rücken und vorne bis hier ausgeschnitten.«

Er dachte einen Augenblick darüber nach, dann mußten wir beide lachen und tranken noch ein Glas Champagner. Er war ganz plötzlich strahlend lebendig. Seine berühmten aufmerksamen Augen begannen übermütig zu funkeln, als wir unsere Eindrücke aus Hollywood verglichen. Er verabscheute es so sehr wie ich, die meiste Zeit des Tages im Studio sitzen zu müssen und darauf zu warten, bis die Kulissen umgebaut und die Scheinwerfer neu eingestellt waren. Danach erzählte er mir vom Theater – wie sehr er sich davor fürchtete, eine neue Rolle lernen zu müssen, und wie langsam er seinen Text lernte.

Ich lachte ungläubig: »Sie wollen mich auf den Arm nehmen!«

»Nein, das stimmt wirklich«, sagte er. »Ich bin eigentlich nicht zum Schauspieler geeignet. Mir fehlt die Energie für die Schauspielerei – sie erschöpft mich zu sehr.«

Als Mrs. Howard und George vom Tanzen an den Tisch zurückkehrten und unsere fröhliche Vertrautheit bemerkten, beschlossen sie, uns nach Hause zu bringen. In der Taxe saßen Mrs. Howard und ich auf den Rücksitzen, während George und Leslie uns gegenüber auf den Klappsitzen saßen. Meine Knie berührten sich mit denen Leslies, und wir lächelten uns an. Aber ich wußte, als wir uns verabschiedeten, daß ich ihn nicht wiedersehen würde. Es hätte ihn zu sehr erschöpft.

Es war die Erkenntnis, daß Humphrey von der gleichen Erschöpfung bedroht war, die, glaube ich, Leslies Herz rührte und ihn veranlaßte, Jack Werner zu zwingen, Humphrey die Rolle des Duke Mantee zu geben, als *The Petrified Forest* verfilmt wurde. Außerdem sah Leslie, der sich vom Anfang seiner Karriere seinen Mangel an Energie eingestanden und daraus die Kraft bezogen hatte, den ruhigen, natürlichen Schauspieler zu schaffen, der er war, daß Humphrey seine Schwäche bekämpfte und erfolglos versuchte, den dynamischen Stil der meisten erfolgreichen Schauspieler nachzuahmen. Die Sinnlosigkeit dieser Bemühung führte er Humphrey in der Inszenierung des Stücks vor. Und sobald Humphrey begriffen hatte, daß auch er mit einer natürlichen Spielweise Erfolg haben könnte, machte er sich daran, dieses Ziel mit dem Listenreichtum eines Verliebten anzupeilen. Denn alle Schauspieler wissen, daß das Publikum das wahrhaft natürliche Spiel der Darsteller ablehnt. Obwohl die Leute besser gerüstet sind, die Schauspielkunst zu beurteilen, als jede andere Kunst, hindert sie doch die Scheinheiligkeit der »Ehrlichkeit« daran, sich einzugestehen, daß auch sie immer irgendeine Rolle eigener Machart spielen. Um ein erfolgreicher Schauspieler zu sein, ist es also notwendig, die Natürlichkeit mit Exzentrizitäten und Geheimnissen zu garnieren, damit das Publikum etwas bewundern, über etwas rätseln kann, das anders ist als es selbst. Leslies Exzentrizität bestand in der Vorliebe für seine Pfeife und für englischen Tweed. Bogarts Exzentrizität bestand in der Art, wie er seinen Mund und seine Aussprache einsetzte. Und was das Geheimnisvolle angeht, so wäre Leslie weniger geworden, wenn er mehr von sich offenbart hätte; Bogart offenbarte sich und wurde mehr.

Folgt man seinen Biographen, so verfügte Humphrey über eine erstaunliche Zahl von »Freizeitbeschäftigungen«. Er spielte Golf, Tennis, Bridge, Schach. Er ging segeln. Er las *Bücher*! Außer bei einer Gelegenheit sah ich ihn immer nur mit Leuten zusammensitzen, trinken und sich unterhalten. Diese eine Gelegenheit war ein Abend in New York, als er und ich, Blyth Daly und die Schauspielerin Alice Brady in ihrem Apartment in der East 57. Straße zusammensaßen und das spielten, was Alice ganz unschuldig Bridge nannte. Zum einen hörte Alice niemals auf zu reden. Und waren dann die Karten ausgeteilt, stand sie auf und mixte die Drinks. Nach dem Bieten stand sie wieder auf und leerte die Aschenbecher. War sie Strohmann, setzte sie sich ans Klavier, spielte und sang etwas auf Französisch, der Sprache ihrer Mutter. Jeden Augenblick sprang sie mit klimpernden Armbändern auf und stürzte sich auf einen ihrer vier Drahthaarterrier. Wir waren erleichtert, als es klingelte und Elsie Ferguson mit ihrem hübschen Ehemann, der Schauspieler war, auf einen letzten Drink nach dem Theater hereinschaute. Das Bridgespiel war vorbei. Elsie, die mir gegenüber saß und einen Brandy trank, war 1930 ebenso wunderschön, wie sie es 1918 in ihren Filmen gewesen war. Und mit diesem Charme alter Filme sagte sie auch ein paar Minuten später gute Nacht und ließ Alice auf dem Schoß ihres Mannes sitzen.

»Wie lange kennen sich denn Alice und Elsies Mann eigentlich?« fragte ich Humphrey, als wir das Apartment verließen.

Er sah mich mit leeren Augen an.

Es war Blyth, die mir antwortete: »Du Idiot, die haben sich eben erst kennengelernt!«

Dieser leere Blick Humphreys war der Schlüssel zu seiner Haltung zum Sex. Er verachtete die Bedürfnisse anderer Männer, ihre amourösen Triumphe auszuposaunen, derart, daß er sich weigerte, sie zur Kenntnis zu nehmen. Da er sich seiner eigenen Anziehungskraft auf Frauen äußerst gewiß war, verabscheute er jede Form demonstrativen Verhaltens. Wenn er eine Frau anziehend fand, wartete er auf sie, wie eine Flamme auf die Motte wartet. »Der Mensch überlebt Erdbeben, Epidemien, die Schrecken des Krieges und alle Qualen der Seele«, schrieb Tolstoi, »aber die Tragödie, die ihn immer gepeinigt hat und immer peinigen wird, ist die Tragödie des Schlafzimmers.« Es war sexuelle Sicherheit, die Humphreys Ich vor dem Zerfall bewahrte, bis sich schließlich der Erfolg einstellte, nachdem er die bitterste Erniedrigung, den Spott und die Erfolglosigkeit ertragen hatte. Bestimmt kein anderer Schauspieler hätte diese beiden Passagen in *Across the Pacific* mit der ihm eigenen Betonung bringen können. Als Sidney Greenstreet ihm seinen Revolver zeigte, holte Bogey seinen hervor und sagte: »Mein Revolver ist größer als Ihr Revolver.« Und als er dann, etwas später, seinen Revolver auf Greenstreet zielte, sagte er: »Ich hab's Ihnen doch gesagt – meiner ist größer als Ihrer.«

Jede von Humphreys Frauen wurde passenderweise dem Fortschritt seiner Karriere entsprechend gewählt. Als er mit der Schauspielerei begann und noch viel über das Theater zu lernen hatte, heiratete er Helen Menken, den Star aus *Seventh Heaven*. Helens weißes, schmales Gesicht blickte immer ekstatisch auf zu ihrer Vision vom »Drama«. Nie habe ich sie über etwas anderes reden hören als über die Kunst des Theaters. Sie wurden 1927 geschieden, nachdem Helen zur Sensation geworden war in dem Stück *The Captive*, das auf Antrag des Staatsanwalts nach der 160. Aufführung wegen seines lesbischen Themas abgesetzt werden mußte. Humphreys Arbeit im gleichen Jahr beschränkte sich auf zwölf erbarmenswerte Aufführungen einer Komödie mit dem Titel *Baby Mine*, in der Roscoe »Fatty« Arbuckle versuchte, den Skandal auszuradieren, der ihn aus Hollywood vertrieben hatte.* Abgesehen von einer zweiwöchigen Wiederaufnahme von Maxwell Andersons *Saturday's Children* im Jahr 1928, arbeitete Humphrey erst wieder 1929 am Broadway, als er mit seiner neuen Frau Mary Philips in dem Stück *Skyrocket* auftrat, das nach elf Vorstellungen abgesetzt wurde. Da die »Kunst des Theaters« nun ein wunder Punkt geworden war, war Mary genau richtig für ihn in einer Zeit, als er mehr Trost als Inspiration brauchte.

Abgesehen von Leslie Howard hat niemand soviel zu Humphreys Erfolg beigetragen wie seine dritte Frau Mayo Methot. Er fand sie in einer Zeit der Lethargie und Einsamkeit, als er womöglich weiterhin zweitklassige Gangsterrollen bei Warner Brothers gespielt hätte und dann nach einem Jahr weg vom Fenster gewesen wäre. Aber er lernte Mayo kennen, und sie feuerte ihn an. Jene Leidenschaften – Neid, Haß, Gewalttätigkeiten, die zum Wesen des Bogey-Charakters gehörten und die viele Jahre, vom Mißerfolg zugedeckt, unter der Oberfläche gebrodelt hatten – brachte sie so zum Kochen, daß der Deckel, der seine Hemmungen unter Verschluß gehalten hatte, für immer davonflog. Mayos Mission erfüllte sich zum Teil direkt unter meinen Augen.

Im Oktober 1935 stieg ich aus meiner Tanznummer mit Dario Borzani im Persian Room in New York aus, um in Hollywood Probeaufnahmen für das Republik-Studio zu machen, für einen Film mit dem Titel *Dancing Feet*. Einen Tag nach dem Abschluß und der Vorführung der Probeaufnahmen gab das Studio die Rolle einem Mädchen, das nicht tanzen konnte. Da ich wenig Geld und auch nicht viel mehr Selbstvertrauen hatte, blieb ich, aus Mangel an besseren Plänen, in Hollywood.

* Roscoe »Fatty« Arbuckles (1887–1933) Karriere als hochdotierter Slapstick-Star bei Paramount fand ein abruptes Ende, als 1921 eine von ihm in einem Luxushotel in San Francisco veranstaltete Party mit dem Tod eines Starlets endete. Der von der Presse breitgetretene Sensationsprozeß lief in der 3. Instanz zwar auf einen Freispruch hinaus; für die Hollywood-Laufbahn des einst so populären Komikers bedeutete der Skandal jedoch das Todesurteil.

Ich wohnte in den Ronda-Apartments. Eines Tages wanderte ich die Straße hinunter zu Robert Benchleys Cottage im »Garden of Allah«, und da war Humphrey: Er saß auf dem Boden, gegen ein Sofa gelehnt, mit einem Scotch-Soda in der Hand. Er hatte wenig über seine Rolle in *The Petrified Forest* zu sagen, der gerade bei Warner Brothers produziert wurde. Zwei erfolglose Anläufe in Hollywood gaben ihm nicht unbedingt Anlaß zum Optimismus. Ebensowenig optimistisch war ein junger Mann vom M-G-M-Studio, der das Skript für eine von Benchleys Kurzkomödien abholen sollte, mit der Bob noch gar nicht angefangen hatte. Der junge Mann sah zu, wie Bob sich mit einem Scotch pur auf die Arbeit an der Schreibmaschine vorbereitete. Für jemanden, der an einem Benchley-Film arbeitete, war es fast unmöglich, nüchtern zu bleiben, denn er verlangte von allen, bei seinem Trinken mitzuhalten. Am folgenden Abend bekam ich einen Anruf von der Theateragentin Mary Huntoon, die eine alte Freundin von mir und die Nichte von Dwight Deere Wiman war, dem Produzenten der *Little Shows*, mit den Songs von Rodgers und Hart. Sie sagte, daß Humphrey und sie in ihrem Haus (sie war gerade seine Agentin geworden) bei einem Glas zusammensäßen und daß Humphrey mich gerne dabei hätte. Von jedem anderen hätte eine solche Einladung bedeutet, daß zwei gelangweilte Menschen Gesellschaft brauchten. Von Humphrey war die Einladung aber nichts weniger als eine Liebeserklärung. Voller Neugier eilte ich zur Stelle. Es war keine glückliche Szene. Humphrey besaß soviel Einfühlungsvermögen für Frauen, daß er sich, nach einem feurigen Empfang, langsam in Schwermut, Scotch und Schweigen zurückzog und die Unterhaltung Mary und mir überließ. Auf der Heimfahrt im Taxi mußte ich darüber nachdenken, wie verschieden Humphrey und ich doch waren. Er konnte nur eine Frau lieben, die er schon lange kannte oder – was auf das gleiche hinauslief – die ihm in der Intimität eines Theaterstücks oder eines Films in die Arme geworfen wurde. Für mich war die Liebe eine abenteuerliche Expedition ins Unbekannte.

Als ich Humphrey das nächste Mal sah, war *The Petrified Forest* längst angelaufen, und er hatte darin groß eingeschlagen. Es war Anfang 1936 in Beverly Hills, im Haus von Eric Hatch, der den Film *My Man Godfrey* geschrieben hatte. Als ich ins Eßzimmer kam, saßen Eric und seine Frau, Mischa Auer und seine Frau und Humphrey am Tisch. Mrs. Hatch stand auf, um mir eine Tasse Kaffee einzugießen. Während ich sie trank, beobachtete ich Humphrey, den ich niemals zuvor in solch einem erregten Zustand gesehen hatte. Auch alle anderen beobachteten ihn. Dann läutete es an der Tür, und als hätten wir nur auf unser Stichwort gewartet, standen wir alle auf und gingen hinunter in das Wohnzimmer mit dem hohen Deckengewölbe, um Mayo Methot zu begrüßen, die in hautenger, pfauenblauer Seide eintrat. An jenem Abend kamen wir nicht zu unserem üblichen Reden und Lachen; statt dessen wurden wir zu einem Publikum, das wie elektrisiert der leidenschaftlichsten Liebesszene beiwohnte; Mayo und Humphrey spielten sie, ohne sich dabei auch nur einmal mit den Händen zu berühren. Drinks wurden gemixt, und man setzte sich, während Mayo unruhig zum Plattenspieler ging und einen alten argentinischen Tango auflegte, *Adios Muchachos*. Sie stand wieder auf und tanzte mit Mischa. Der Tanz begann als Burleske, bei der Mischa sie hin- und herschleuderte und ihr feurig-lüstern in die Augen sah. Nach und nach jedoch übernahm ihr wundervoll-verführerischer Körper die Führung, und sie tanzten die fallenden Bögen, das langsame Wiederaufrichten und die wollüstigen Pausen des wahren Tangos. Der Bann wurde durch die Ankündigung eines Dienstmädchens gebrochen, daß Mayos Mann auf dem Weg zu Hatchs Haus sei. Humphrey sprang vom Sofa auf, um sie schnell fortzubringen. Aber halt! Sie hatte beim Tanzen ihre Schuhe ausgezogen, und einer war nicht mehr zu finden. Alle suchten danach, nur ich nicht, und das mußte Humphreys Verdacht geweckt haben, denn ganz plötzlich stürzte er sich mit seinem scheußlichsten Gesicht auf mich und krächzte: »Gottverdammt noch mal, Louise, nun sag schon, wo du Mayos Schuh versteckt hast!« Ich war viel zu bestürzt von diesem befremdenden und gewalttätigen Humphrey, um sprechen zu können. Glücklicherweise griff Mischa in diesem Augenblick auf einen Eichenbalken, der zu hoch war für alle anderen, und holte den Schuh herunter. Die Liebenden flüchteten durch die Hintertür, als die Türglocke läutete.

Es war im Dezember 1943 in New York, daß ich Humphrey zum letzten Mal sah. Ich dinierte im Club »21« mit dem Drehbuchautor Townsend Martin. Zwischen Dinner und Supper, als die Bar leer war, kamen Mayo und Humphrey herein, standen kurz an unserem Tisch, um Hallo zu sagen und uns zu erzählen, daß sie auf dem Weg nach Afrika zur Truppenbetreuung seien. Ich war erschüttert, als ich sah, wie schrecklich Humphreys Gesicht gealtert war. Die Wirkungen des Krieges, den er gegen seine Trägheit geführt hatte – Arbeit und Alkohol, ohne Schlaf und Essen –, machten sich am Ende bemerkbar. Mayo sah aus, als wäre sie gerade mit ihren Kleidern aus dem Bett gestiegen. Ihr Kostüm war zerknittert, ihr Haar nicht frisiert, ihr Gesicht ohne Make-up. Sie setzten sich an einen Tisch in einer entfernten Ecke des Raums, als wollten sie allein sein; doch redeten sie weder, noch sahen sie sich an, bis ihre Drinks kamen. Dann begann Mayo heftig auf Humphrey einzureden, als ob sie eine Auseinandersetzung fortführte, für die es gar keine Lösung geben konnte. Unbeweglich in die Polster versunken, starrte er auf seine Hand, die langsam und immer wieder sein Glas auf dem Tisch kreisen ließ. Es war klar, daß das Team der »Battling Bogarts«, der streitenden Bogarts, sich bald auflösen würde. Er war jetzt Bogey, sein Charakter war festgelegt, und er war fähig, allein zu kämpfen. Mit dem Start von *Casablanca* war aus Humphrey Bogart ein Kassenschlager geworden. Es war Zeit für den Auftritt von Lauren Bacall, die auch seine perfekte Leinwandpartnerin werden sollte, so verführerisch wie Eva, so kühl wie die Schlange.

Meine lebhafteste Erinnerung an den wirklichen Humphrey Bogart ist die an eine Nacht in New York in Tony's Bar in der 52. Straße. Ich kam gegen ein Uhr morgens zu Tony's Bar und setzte mich an einen Tisch in der Nähe Humphreys, der mit dem Schauspieler Thomas Mitchell in einer Nische saß. Es war einige Wochen, bevor die Broadway-Produktion von *The Petrified Forest* im Juni 1935 abgesetzt werden sollte. Humphrey hatte keine anderen Aussichten, als in Showhegan, Maine, Sommertheater zu spielen. Dann bezahlte Mitchell seine Rechnung und ging; Humphrey blieb allein, trank mit müder Entschlossenheit beständig weiter. Sein Kopf sank immer tiefer. Als ich ging, war er in einen erschöpften Schlaf gefallen, und sein Kopf war dabei in die Arme auf dem Tisch gesunken. »Armer Humphrey«, sagte ich zu Tony. »Er ist endgültig fertig.«

Meine lebhafteste Erinnerung an den Humphrey Bogart der Leinwand ist die an eine Szene in John Hustons *Der Schatz der Sierra Madre*. Er liegt am Boden und versucht, sich zum Wasserloch zu schleppen. Alles hat er ertragen, um sein Gold zu bekommen – und nun muß er es aufgeben? Weit aufgerissen, heben sich die tragischen Augen zum Himmel in einem schrecklichen, flehenden Blick. In der Marter dieses schönen Gesichts sehe ich das Gesicht meines St. Bogart.

W. C. Fields

5 Das andere Gesicht des W. C. Fields

Fast ebenso behutsam, wie er in den Zwanzigern seine Erfolge im Theater und im Film erzielte, gewann W. C. Fields in den Sechzigern die Herzen der amerikanischen Studenten. Ein seltsames Idol. Denn er war ihr Liebling ja nicht deshalb geworden, weil sie seine Kunst der Komik schätzten, die auf der Arbeit von Jahren basierte, in denen er seine Jonglierkünste übte und sein Timing vervollkommnete – und Timing ist schon fast die ganze Komik; er war es vielmehr geworden, weil sie sich ihn als eine Figur von der Art des Quilp in Charles Dikkens' *Raritätenladen* vorstellten. Quilp rollte sich lachend am Boden, als er Sampson Brass zwang, kochendheißen Grog zu trinken. Fields soll angeblich seinen Spaß daran gehabt haben, Baby Leroys Milch mit einer möglicherweise tödlichen Dosis Gin zu spritzen. Es ist das Wort »Arbeit«, das die heftige Zuneigung der akademischen Jugend zu Fields verdächtig macht. »Arbeit« war kein Wort aus ihrem Vokabular, und Fields war vielleicht der einzige ihnen bekannte Komiker, der mit seiner imposanten Beherrschung des Metiers die leidenschaftliche Arbeit sichtbar machte, die er in seine Auftritte investierte. In den Sechzigern haben viele Studenten mir geschrieben und mich besucht. Die meisten kannten mich nur dem Namen nach und hatten nie einen meiner Filme gesehen. Sie kamen zu mir mit Schmeicheleien, die von Ahnungslosigkeit strotzten; und weil sie mich für eine alte, vereinsamte Schauspielerin hielten, erwarteten sie, daß ich sie aus Dankbarkeit mit meinen kostbarsten Standfotos überhäufen und mich drei Stunden an die Schreibmaschine setzen würde, um Texte zu verfassen, an denen sie nur noch etwas herumzupfuschen brauchten, um sie dann, mit ihrem Namen versehen, den Lehrern ihrer Filmseminare zu präsentieren. Wenn es um Fields ging, merkte ich schnell, daß diese Jungs nur wenige seiner Filme gesehen hatten, denn wenn wir über einen seiner Filme sprachen, fiel es ihnen sehr schwer, sich zu erinnern, wie er nun hieß und ob sie ihn ganz oder bloß in Ausschnitten gesehen hatten. Der Fields, den sie idolisierten, war der Mann, über den sie etwas gelesen hatten, und dessen Bild den Fields überlagerte, den sie auf der Leinwand sahen (oder nicht sahen). 1778 schrieb Samuel Johnson: »Pointierte Grundsätze und scharfe Repliken schwirren lose durch die Welt und werden der Reihe nach jenen zugeschrieben, die zu feiern in Mode sein mag.« Als ich 1922 zum ersten Mal nach New York kam, hörte ich alle möglichen Witze, Pointen und Anekdoten, so daß meine Lektüre der vergangenen zwanzig Jahre in mir einen Ekel ausgelöst hat; mußte ich doch feststellen, daß diese Sprüche den verschiedensten Filmprominenten »der Reihe nach zugeschrieben« wurden. Es gibt zwei Kategorien von Prominenten – mit den passenden Anekdoten bestens ausgestattet –, an denen Schriftsteller und Leser mit närrischem, unermüdlichem Enthusiasmus zu hängen scheinen: den weiblichen Star vom Typ »lockerer Lebenswandel«, den ein empörendes Verhalten kennzeichnet, und den betrunkenen Schauspieler, dessen grausame Possen als umwerfend gelten. Zur ersten Kategorie gehört die Frau, die in den beliebtesten Anekdoten ein elegantes Restaurant betritt und nur einen Nerzmantel und Schuhe trägt. Unter dem Mantel ist sie nackt! Die Frage ist nur: Woher weiß man das – daß sie nackt ist? Zieht sie ihren Mantel aus? In diesem Fall würde der Chef sie sofort in ein wartendes Taxi verfrachten, und jede Zeitung im ganzen Land würde darüber berichten. Journalisten nennen die Nerz-Anekdote eine »mögliche« Geschichte. Sie *könnte* geschehen. Vermutlich ist sie sogar einmal geschehen, aber nicht mit einem Star, auf dem die Augen der Presse ruhten. Es gibt kein einziges Zeugnis, das diese Anekdote bestätigt, die gewöhnlich einem Star wie Jean Harlow zugeschrieben wird. Thomas Gray sagte: »Die Menschen glauben alles, vorausgesetzt, sie sind nicht gezwungen, es zu glauben.« In der zweiten Kategorie – im Fall des betrunkenen Schauspielers, dem Anekdoten angehängt werden, die der Mythologie irischer Totenwachen entstammen – haben die Schriftsteller eine Geschichte ersonnen, die fast so unmöglich ist, daß kein begeisterter Leser von Filmbüchern sie auch nur für einen Augenblick anzweifelt. Diese »komische« Geschichte berichtet von einem Haufen Betrunkener, die die Leiche eines befreundeten Schauspielers aus dem Sarg im Bestattungsinstitut stehlen und sie einem andern Freund während seiner Abwesenheit ins Haus bringen und sie dort in einen Sessel setzen. Überraschung! Ich habe mich mit Bestattungsunternehmern und Polizisten über diesen abstoßenden Streich unterhalten, und ich glaube, daß der Einbruch in ein Bestattungsinstitut sofort die Gesetzeshüter auf den Plan rufen und die Faxenmacher hinter Gitter bringen würde. Man braucht nicht hinzuzufügen, daß ein solcher Spaß mit der Leiche von W. C. Fields die Aufmerksamkeit der Presse erregen würde.

Wo zwei oder drei in seinem Namen versammelt sind, vergeuden sie nicht ihre Zeit mit der Diskussion der Fieldsschen Filme; sie kommen gleich zur Sache, zu ihren »Lieblingsgeschichten« über den »kleinen Burschen, der dem Leben ins Auge blickte und ihm sagte, wohin es sich scheren soll«. Da seine Bewunderer mehr als fünfzig Jahre vom Fields des Theaters und der ungesehenen frühen Filme trennen, müssen sie sich auf das Wort von Journalisten wie Roger Doughty verlassen, der geschrieben hat: »Fields' Darstellung eines miesen, jähzornigen, scharfzüngigen Trunkenbolds mit einer Knollennase und einem eiskalten Herzen machte ihn zum Zugpferd in den *Ziegfeld-Follies, George White's Scandals*, Earl Carrolls *Vanities* auf der Bühne und in solchen Filmen wie *Never Give a Sucker an Even Break* und *If I Had a Million*... In späteren Jahren lieferte er sich Wortgefechte mit Charlie McCarthy in Edgar Bergens Radioshow.« Die wirklichen Fakten der Entwicklung von Fields als Figur sind diese: In der Saison 1923/24 trat er am Broadway in der musikalischen Komödie *Poppy* auf. Er spielte einen kleinen, stümperhaften Betrüger, einen liebevollen Vater, ohne jede Spur von Trunkenheit. William LeBaron sah *Poppy*, und nachdem er Produktionschef des Paramount-Studios in Long Island geworden war, gab er Fields 1925 einen Vertrag. *If I Had a Million* lief 1932 an. Fields arbeitete 1937 und 1938 in Edgar Bergens Radioshow. *Never Give a Sucker an Even Break* lief 1941 an. Ein weiterer Autor, Jim Harmon, zitiert Bergen mit den Worten: »Fields, der trank am Morgen, der trank am Mittag, und der trank am Nachmittag. Aber er handelte und spielte *nie* wie ein Betrunkener.« Und von sich aus nennt Harmon Fields noch »einen Mann von monumentaler Kleinlichkeit und Ekzentrizität, dessen Haß und Antipathien hundertfache Formen annahmen.« Aus welcher Quelle, frage ich mich, schöpft diese Beschreibung aus dem Jahr 1970? Bernard Sobel war zehn Jahre Pressesprecher der *Ziegfeld-Follies*. Er betreute die meisten Auftritte von Fields in dieser Show, einschließlich seines letzten Auftritts im Jahr 1925. Damals war Fields sechsundvierzig Jahre alt; er hatte seine Form als Komiker gefunden; als Mensch hatte er längst seinen festen Charakter angenommen. In seinem Buch *Broadway Heartbeat* (1953) schreibt Sobel über die verzerrten Fields-Biographien und meint: »Hollywood machte ihn zum Autokraten, dessen seltsamem Verhalten nur noch seine Trinkfestigkeit gleichkam. Aber irgendwie vermag ich nicht zu glauben, daß Fields sich durch den Ruhm entstellen ließ.«

Nein, es war nicht der Ruhm, der Fields entstellte. Es waren Krankheit und die krampfhafte Angst, ausrangiert zu werden und auf dem Abfallhaufen Hollywoods zu sterben. Wenn er den ekligen alten Trinker spielen mußte und wenn er der Öffentlichkeit als ekliger alter

Trinker präsentiert werden mußte, um in der Edgar-Bergen-Radioshow aufzutreten: gut, so sei es denn. Er war ein isolierter Mensch. Als junger Mann streckte er seine Hand nach Schönheit und Liebe aus und wurde zurückgestoßen. Nach und nach reduzierte er die Wirklichkeit, bis sie nur noch seine Arbeit umfaßte, und füllte die Lücken mit Alkohol, der die Welt vor seinem verschwommenen Blick in ein fernes Bild harmloser Schatten verwandelte. Er war auch ein einsamer Mensch. Die Jahre, die er allein mit seiner Jongliernummer die Welt bereiste, lehrten ihn den Wert der Einsamkeit, und er erkannte, daß sie es war, die seinen Gedanken Freiheit gab. Er verabscheute Bars, Nachtclubs, Parties und die Häuser anderer Menschen. Er scheint keine Tagebücher, Briefe, kein ernsthaftes autobiographisches Material hinterlassen zu haben. Sein Leben wird zum größten Teil unbekannt bleiben. Aber, wie Ruskin gesagt hat, keines Menschen Lebensgeschichte ist ein Spaß.

Es ist die Tragödie der Filmgeschichte, daß sie von eben den Leuten, die Filmgeschichte machen, fabriziert und verfälscht wird. Es ist verständlich, daß in den Anfangsjahren der Filmproduktion, als noch niemand glaubte, daß es einmal eine Filmgeschichte geben würde, die meisten Filmzeitschriften und -bücher Mist druckten, der nur dazu bestimmt war, den Wunsch des Publikums nach Anteil an der Märchenexistenz seiner Kinoidole zu erfüllen. Aber spätestens seit 1950 hat der Film sich als Kunst durchgesetzt, und Filmgeschichte wird als eine ernst zu nehmende Disziplin anerkannt. Doch immer noch übernehmen die Prominenten des Films die Rollen bloßer Typen – liebe oder lose Frauen, gute oder böse Männer –, die von ihren Chronisten mit einem Schwall von Anekdoten übergossen werden.

Das herzzerreißendste unter diesen Büchern ist Mack Sennetts *King of Comedy* (1954), das Cameron Shipp nach Tonbandaufnahmen geschrieben hat. Sieht man von einigen oberflächlichen Beobachtungen ab, so zeigt es, daß Sennett seinem eigen Genius nicht genügend vertraute, um eine ernsthafte, erhellende Darstellung seiner Welt der Komödie und der unsterblichen grotesken Figuren, die sie bevölkern, zu wagen. Diese Welt universalen Gelächters wurde zum Verstummen gebracht, als die Filmgesellschaften ihre Spielfilme verlängerten und die Vorstellungen mit Zeichentrickfilmen und Wochenschauen abrundeten, die Slapsticks aber aus dem Programm nahmen. Als Teil der Filmgeschichte, als einer, der *dabei* war, hätte Sennett den Lesern die Wahrheit über die geheimnisvoll manipulierten Skandale berichten können, die zwei seiner größten Stars vernichteten – Mabel Normand und Fatty Arbuckle. Aber er geht mit Daten und Fakten derart irreführend um, daß seine Anekdoten historisch meistens wertlos sind. Was er über Fields' Gagen und Trinksitten zu sagen hat, ist bloß eine Fußnote zu seiner eigenen Eitelkeit. Nur ein einziger Satz in seinem Buch erinnert mich an den Mack Sennett, den ich immer im Hollywood Roosevelt Hotel gesehen habe, als ich 1936 dort wohnte. Fast jeden Tag, ungefähr von Mittag an, saß er dort einige Stunden in der Lobby, rauchte seine Zigarren und beobachtete die Menschen, die an ihm vorübergingen. Er war damals erst einundfünfzig – ein großer, gesunder, wunderbar stattlicher und viriler Mann. Wie konnte *er* es sich bloß gefallen lassen haben, ausrangiert zu werden, um auf dem Abfallhaufen Hollywoods zu sterben? Wenn er auch mit niemandem sprach, langweilte er sich doch nie. Während er mit scharfer und ungenierter Aufmerksamkeit mein Kommen und Gehen im Hotel verfolgte, fragte ich mich, was für Gedanken ihm hinter der ausdruckslosen Maske, die er in der Öffentlichkeit trug, durch den Kopf gingen. Jetzt weiß ich, daß er sich in der Kunst aufmerksamer Beobachtung übte. In seinem Buch spricht er von seiner Arbeit für D. W. Griffith in New York und sagt: »Alles, was ich jemals über das Filmemachen gelernt habe, lernte ich dadurch, daß ich dabeistand und die Leute beobachtete, die wußten, wie man es macht.« Jeder, der auf irgendeinem Gebiet Vortreffliches geleistet hat, weiß, daß es das Ergebnis unablässiger Konzentration ist. Das Ergebnis aufmerksamer Beobachtung.

Ich trat 1925 in den *Ziegfeld-Follies* mit W. C. Fields auf. Als ich achtzehn war, telegrafierte ich dem New Yorker Bankier Otto Kahn und bat ihn, mich aus London heimzuholen, wo ich im Café de Paris Charleston tanzte. Er telegrafierte Edmund Goulding, dem zukünftigen Filmregisseur, der seine Familie in London besuchte, und wies ihn an, meine Miete in der Pall Mall 49 A zu bezahlen und mich auf die »Homeric« zu verfrachten, die am 14. Februar nach New York ablegte. Gleich nach meiner Ankunft gab mir Flo Ziegfeld, der nach mir gesucht hatte, seit ich im September 1924 aus der Chorus Line von *George White's Scandals* verschwunden war, eine Rolle in der musikalischen Komödie *Louie the 14th*, deren Starrolle Leon Errol spielte. Premiere war im März 1925 in William Randolph Hearsts Cosmopolitan Theatre. Regisseur von *Louie* war der Engländer Teddy Royce, ein koboldhaftes Wesen mit zornig-funkelnden schwarzen Augen, der selbst im kältesten Winter nur im Tweed-Anzug mit grauem Kaschmir-Schal herumhuschte. (Er starb 1965 in England, im Alter von vierundneunzig Jahren.) Er verabscheute sämtliche der verwöhnten Ziegfeld-Schönen, doch am meisten verabscheute er mich, weil ich, wenn ich gelegentlich andere Verpflichtungen hatte, dem Theater telegrafisch mein Nichterscheinen mitteilte. (Im Mai hatte ich unter der Regie von Herbert Brenon im New Yorker Studio von Famous Players-Lasky's ohne große Begeisterung eine Nebenrolle in *Street of Forgotten Men* gespielt.) An einem Tag im Juni rief Teddy Royce nach der Mittwochs-Matinee alle Girls auf die Bühne. Ich kam als letzte und stellte mich unauffällig ans Ende der Reihe auf der Bühnenrechten. Hinter dem Orchestergraben stand in der Mitte Mr. Royce und nippte an seinem Gin-und-Wasser. Nach einigen vagen Bemerkungen über den Mangel an Disziplin im Theater blickte er mich scharf an und sagte: »Manche Girls in dieser Show benutzen die Bühne ausschließlich als ihr Schaufenster.« Jetzt sahen mich auch alle Girls an und grinsten voll Freude. Ich fühlte mich gedemütigt und beleidigt. Ich stürzte in die kleine Bude unter der Proszeniumsloge, die Mr. Ziegfeld als Sprechzimmer diente, und berichtete ihm, wie Mr. Royce mich öffentlich gedemütigt und beleidigt hatte. Er lächelte sein charmantes Silberfuchslächeln und versetzte mich auf der Stelle in die *Follies*.

Als ich ins New Amsterdam Theatre kam, um mit den Proben für die Sommer-*Follies* zu beginnen, fragte ich den Inspizienten Billy Shrode nach der Nummer meiner Garderobe. Er sah auf meinen Schminkkoffer, sah aufs Anschlagbrett, an dem der Garderobenplan hing, und sah dann mich an. »Um die Wahrheit zu sagen, Louise«, sagte er und mußte gegen seinen Willen lachen, »ich habe alle gefragt, aber kein Girl in der Show will mit dir die Garderobe teilen.«

Da ich auch schon bei den Girls in *Scandals* und *Louie the 14th* keinen Beliebtheitswettbewerb gewonnen hatte, nahm ich die Bemerkung ohne Kommentar entgegen.

»Was zum Teufel stellst du denn bloß mit den Mädchen an?« fragte Shrode.

»Ich stell *überhaupt* nichts mit ihnen an.«

»Das ist es vielleicht«, sagte er und wandte sich kopfschüttelnd wieder dem Garderobenplan zu.

Heftige Statuskämpfe um Theatergarderoben haben schon manchmal Stars aus Shows vertrieben und sogar zur Absetzung von Shows geführt. Im New Amsterdam herrschte eine besondere Situation, weil dieses Theater damals als einziges in New York mit feuerpolizeilicher Genehmigung in einem Bürogebäude eingerichtet worden war. Im Parterre hinter der Bühne befand sich eine Einzelgarderobe für den Star. Weil Will Rogers in seinem Cowboykostüm ins Theater kam, mit dem Lasso in der Hand und dem Kaugummi im Mund, und direkt zu seinem Monolog auf die Bühne gehen konnte, war es weiter kein Problem, die Stargarderobe W. C. Fields zu geben. Sämtliche Regeln des Protokolls brechend, gab Ziegfeld den zweiten Stock seinen Showgirls – den großen Girls, die nicht tanzten, sondern nur in ausgefallenen Kostümen über die Bühne paradierten, und die, falls sie den Fahrstuhl verpaßten, sich nicht anstrengen sollten und deshalb nicht mehr als eine Treppe bis zur Bühne gehen durften. Die Hauptdarsteller kleideten sich im dritten Stock um; die Chorusgirls – die kleineren, die tanzten – im vierten Stock. Im fünften Stock befand sich eine weitere Einzelgarderobe, nach dem Muster der Stargarderobe. Dorothy Knapp, Ziegfelds ruhmreichste Schönheit, benutzte sie für sich allein. Es wurde beschlossen, daß ich ihre Herrlichkeit teilen sollte.

Wir waren ein harmonisches Paar. Zwischen Dorothy und mir gab es weder Eifersucht noch Konkurrenz. Für Dorothy war es nicht genug, mit wenig mehr als ihrer atemberaubenden Schönheit über die Bühne zu gehen. Obwohl ihre Probeaufnahmen erfolglos gewesen waren, sehnte sie sich immer noch danach, Filmstar zu werden, und nahm deshalb Tanz- und Schauspielunterricht. Für mich, die mit Ruth St. Denis, Ted Shawn und Martha Graham getanzt hatte, waren meine kleinen Tänze in den *Follies* langweilig. Ich wäre lieber ein Showgirl gewesen. Der Augenblick, auf den ich mich immer freute, kam gegen Ende der *Follies*, wenn das ganze Ensemble zum Finale auf der Bühne war. Will Rogers und ich kletterten über eine Leiter auf einen fünf Meter hohen Turm, der in der Mitte der Bühne stand. Rogers fing mit einer winzigen Schlinge seines Lassos an, wirbelte das Lasso dann immer schneller, immer größer, bis es uns beide zischend umkreiste wie eine berauschte Schlange, während der Vorhang sich öffnete und das gleißende Spotlight uns anstrahlte.

Die Garderobe im fünften Stockwerk verlor ihre exklusive Atmosphäre, als das Chorusgirl Peggy Fears, auch von *Louie* zu den *Follies* übergewechselt, meine beste Freundin zu werden beschloß. Sie war ein Schatz, hatte eine schöne Singstimme und kam aus Dallas. Ihr glattes, kastanienfarbenes Haar war nicht zurechtgemacht; sie ließ es weder färben, noch in Dauerwellen legen. Statt der teuren Kleider, die die *Follies*-Girls außerhalb des Theaters trugen, trug sie Rock und Pullover wie eine Studentin. Vielleicht war es ihr absonderlicher Sinn für Humor, durch den sie sich zu mir hingezogen fühlte. Denn was konnte für Peggy, das beliebteste Girl in der Show, lustiger sein, als sich mit dem meistgehaßten Mitglied der Truppe – mit mir – anzufreunden? Eines Abends platzte sie in unsere Garderobe mit einer Wedgwood-Teekanne voll Mais-Whisky und, in Kenntnis meiner literarischen Ansprüche, mit zwei ekelhaft-vulgären Magazinen, Broadway Brevities und The Police Gazette. Eine Woche später wohnten wir zusammen im Gladstone Hotel, abseits der Park Avenue, wo Peggys Freunde sie umschwärmten, bis sie im September mit den *Follies* auf Tournee ging und ich im Studio der Famous Players-Lasky's auf Long Island mit den Dreharbeiten zu *The American Venus* begann.

Peggy Fears war es, die mich mit Bill Fields bekannt machte. Im Blumenladen Rosary auf der Park Avenue suchte sie vor jeder Matinee einen Strauß aus, der, in Wachspapier gehüllt, Bill in seiner Garderobe überreicht wurde. Das rührte sein Herz. Bill verehrte schöne junge Frauen, aber nur wenige wurden in seine Garderobe eingeladen. Er war überempfindlich wegen seines Ekzems, das zu Nasenentzündungen führte und manchmal auf die Hände übergriff, so daß er lernen mußte, mit Handschuhen an den Händen zu jonglieren. Nach einigen vernichtenden Erfahrungen mit schönen Frauen hatte er beschlossen, sich auf Freundinnen zu beschränken, die weniger attraktiv waren und ihm nicht mit Saxophonisten davonlaufen würden. Bill war Peggy und mir wiederholt ein distinguierter Gastgeber. Seine Bar war ein offener Garderobenkoffer, mit Regalen versehen, der wie ein Kunstwerk neben seinem Stuhl aufgestellt war. Während der stumme Zwerg Shorty, der sein Diener und Bühnenassistent war, sich um unsere Drinks kümmerte, tanzten Peggy und ich um Bill herum, der an seinem Schminktisch saß und mit huldvoller Aufmerksamkeit unseren albernen Geschichten zuhörte.

Ich habe W. C. Fields im Film nie so geliebt, über ihn nie so gelacht, wie ich ihn auf der Bühne geliebt, über ihn gelacht habe. Dafür gibt es drei Gründe. Erstens: auf der Bühne spielte er einen Scheincharakter in einer Scheinwelt. Im Film spielte er einen wirklichen Charakter in wirklichen Geschichten. Auf der Bühne war die listige Idiotie, mit der er sich aus absurden Situationen zu befreien versuchte, unglaublich komisch. Die gleiche Idiotie in der gleichen Situation auf der Leinwand gab seinem »wirklichen« Charakter manchmal etwas Entwürdigendes, machte ihn oft grausam und destruktiv.

In den *Follies* stand ich jeden Abend seitlich in den Kulissen und sah mir Bills *Schlafzimmer-Sketch* mit Edna Leedom und seinen *Picknick-Sketch* mit Ray Dooley an. Im *Schlafzimmer-Sketch* öffnet sich der Vorhang bei dunkler Bühne. Bill und Edna liegen schlafend, dem Publikum zugewandt, in einem Doppelbett. Auf Bills Seite steht ein Nachttisch mit einer Lampe; auf Ednas Seite steht ein Nachttisch mit einem Telefon. Das Telefon klingelt. Bill macht das Licht an und steht

auf, schlaftrunken, mit zerzaustem Haar; er trägt einen zerknitterten, alten weißen Schlafanzug. Er trippelt auf seinen kleinen rosanen Füßen um das Bett herum und nimmt den Hörer ab. Nach ein paar gemurmelten Worten sagt er: »Gute Nacht, Elmer.« Dann wirft er einen Blick auf Edna, die sich weder rührt, noch etwas sagt, und fügt hinzu: »Das war Elmer.« Bill macht das Licht aus und geht wieder ins Bett. Das Telefon klingelt erneut. Diesmal richtet sich Edna nach den Worten »Das war Elmer« wütend auf. Sie sieht wunderbar aus. Ihr blondes Haar ist vollendet frisiert, und ihr Spitzennachthemd gibt den Blick frei auf ihren schönen Busen und ihre Arme. Ihr Ärger kann die Belustigung in ihren Augen und ihre Lachgrübchen nicht verbergen. Während sie sich über die Identität Elmers streiten, soll niemand im Publikum glauben, daß Edna Bills eifersüchtige Ehefrau ist. Der Film *International House* (1933) enthält eine Schlafzimmerszene, die Bill im gleichen alten, weißen Schlafanzug spielt, doch mit einer anderen hübschen Blondine im exquisiten Nachthemd – Peggy Hopkins Joyce. Aber der realistische Widerwille, mit dem sie Bill anschaut, verdirbt den Spaß.
In den *Follies* spielte Bill im *Picknick-Sketch* den Vater zusammen mit Ray Dooley als seiner kleinen Tochter. Ray hatte damals, obwohl sie achtundzwanzig Jahre alt war und zwei Kinder hatte, das Gesicht eines kleinen Äffchens und einen Körper, der gut in einen Kinderwagen paßte. Ihre Darstellungen abscheulicher Kinder im Alter von zwei bis sechs Jahren waren brillante Travestien. Sie war nicht das aggressive kleine Kind, wie es üblicherweise in Bühnensketchen zu finden ist. Bis zum Augenblick der Explosion war sie ein passives Kind und verfolgte Bills Aktionen mit furchtsam-starren Augen. Ohne einen Ton von sich zu geben, beobachtete sie, wie Bill die Tür eines unbewohnten Hauses aufbricht, in dessen Vorgarten der Abfall des Picknicks verstreut werden sollte. Mit der ganzen Empörung des ehrlichen amerikanischen Steuerzahlers darüber, die Tür vor ihm verschlossen zu finden, brach er in das Haus ein und kam mit einer großen Tüte gestohlener Eßwaren im Triumph wieder heraus. Erst nachdem er eine Büchse Tomaten mit dem Beil geöffnet und sich dabei den roten Saft ins Gesicht gespritzt hatte, brach sie in ihr Geheul aus, so daß er erschreckt zurückzuckte und sich den Strohhut über die Ohren zog. Als traditionellen abscheulichen Buben spielte ein kleiner Junge, Mickey Bennett, Ray Dooleys Rolle in der gleichen Picknickszene in *It's the Old Army Game* (1926), einem Film, in dem ich als »love interest« für die nötige Romantik zu sorgen hatte. Die Szene wurde auf dem Rasen vor dem reichsten Anwesen in Palm Beach gedreht – El

Mirasol, dem Winterquartier von Edward Stotesbury, einem Partner J. P. Morgans. Es war nicht nur ein unwahrscheinlicher Ort für ein Fields-Picknick; was aber das Produktionsteam mit dem Rasen anstellte, war fürchterlich. Während der fünftägigen Dreharbeiten verwandelte der Abfall ihn in einen Müllhaufen; und als die Lastwagen und die vierzig Paar Füße ihre Arbeit getan hatten, sah der Rasen aus wie ein Ort, an dem gerade ein Veteranentreffen stattgefunden hatte.

Der zweite Grund, warum ich den Bühnen-Fields dem Leinwand-Fields vorziehe: Auf der Bühne sah das Publikum die ganze Zeit den ganzen Fields. 1925, als wir beide im Studio der Famous Players-Lasky's auf Long Island arbeiteten – ich in *The American Venus*, er in *Sally of the Sawdust* –, habe ich ihn oft bei der Arbeit beobachtet. Er nahm überhaupt keine Notiz von der Kamera. Für jede Einstellung probte er die gleichen Abläufe bis zur ärgerniserregenden Perfektion, während seine Partnerin Carol Dempster und sein Regisseur D. W. Griffith gelangweilt und schlaff in den Stühlen neben der Kamera saßen. Totale, Halbtotale, Zweieraufnahmen oder Großaufnahme: Bill spielte, als ob er in voller Lebensgröße vor seinem Publikum stünde, das jedes Detail seines Kostüms begutachten und die ausgesuchten Haltungen von Händen und Füßen verfolgen konnte. Jedesmal, wenn die Kamera näher heranrückte, schnitt sie ein weiteres Stück von ihm ab und beraubte ihn schrittweise seiner komischen Wirkung.

Der Cutter, dem Tausende von Metern von Großaufnahmen zur Verfügung stehen, liefert mir den dritten Grund, den Bühnen-Fields mehr zu lieben als den Film-Fields. Fields hat das Theater niemals wirklich verlassen. So wie er die Kamera ignorierte, ignorierte er auch den Schneideraum, und er konnte den fertigen Film nur noch verfluchen, wenn er sah, wie sein Timing durch die Beliebigkeit der Schnitte ruiniert worden war.

William LeBaron, Chef des New Yorker Paramount-Studios, war für den Versuch verantwortlich, Fields aus der Welt der Phantasie in den Realismus zu holen. Heute nimmt man immer an, daß Fields im Theater und im Kino ein großer Kassenmagnet gewesen sei. Das war er nicht. Das größte Publikum, das er anzog, war das Radiopublikum von 1937 und 1938, das seinem ungeschnittenen Dialog mit einem anderen Geschöpf der Imagination lauschte: der Puppe Charlie McCarthy des Bauchredners Edgar Bergen. Aber damals, 1925, glaubte LeBaron, daß Fields niemals einen totalen Erfolg erzielen würde, ohne für das Publikum zu einem wirklichen Menschen zu werden. LeBaron, der für Hearst die Filme mit Marion Davies produzierte, hatte Marion in *When Knighthood Was in Flower* (1922) fast zum Leben erweckt. Mit *Little Old New York* (1923) produzierte er ihren ersten großen Erfolg: Als Junge verkleidet, bewegte sie sich wie ein richtiges Mädchen. Nachdem er Fields' Erfolg in einer Charakterrolle in *Poppy* gesehen hatte, gab LeBaron ihm eine Rolle in Marions Film *Janice Meredith* (1924). Als LeBaron zur Paramount überwechselte, nahm er Fields dort unter Vertrag. Zwischen 1925 und 1938 produzierte LeBaron einundzwanzig Fields-Filme. Doch erst nachdem Fields dem Realismus wieder entwischt und in seine Welt des Scheins zurückgekehrt war, drehte er seine besten Filme. Sie wurden zwischen 1938 und 1941 bei der Universal produziert. Das ist seltsam, angesichts der Tatsache, daß LeBaron es war, der bei der Paramount all die aufreizend-vergnüglichen Mae-West-Phantasien produzierte, wobei es ihm gelang, sie in ihren trickreichen Mitteln zu bremsen, so daß sie eine *richtige* femme fatale spielte – oder, wie Fields es nannte, »Kleopatra, wie sie sich ein Klempner vorstellt«.

Der erste der fünf Filme, die Fields unter der Regie von Eddie Sutherland drehte, war *It's the Old Army Game*. Für die Außenaufnahmen im Februar 1926 schickte die Paramount das Produktionsteam nach Ocala, einem von Farmern bewohnten Ort im Inneren Floridas. Ungefähr zehn Kilometer entfernt lag Silver Springs, das Reklame machte mit »einhundertfünfzig natürlichen Quellen, die dem porösen Ocala-Kalkstein entspringen und in einem einzigen großen Teich zusammenfließen«. Der Teich war reich an tropischen Fischen und umgeben von tropischen Gewächsen und Blumen. Diese schillernde Schönheit konnte man von einem Motorboot mit Glasboden bewundern, das Eddie für eine Liebesszene zwischen William Gaxton und mir benutzte. Die Einwohner von Ocala, die hofften, aus Silver Springs eine einträgliche Touristenattraktion zu machen, begrüßten uns als willkommene Gelegenheit, für ihr Projekt zu werben. Wir wurden mit einer solchen Südstaaten-Gastlichkeit behandelt, daß das Drehbuch verlorenging und uns der Drehplan aus den Augen schwand. Niemand in Ocala schien etwas vom Alkoholverbot gehört zu haben. Und wenn es jemals eine Truppe gegeben hat, die keiner Hilfe beim Verzehr von Alkohol bedurfte, so war es unsere. Eddie und Tom Geraghty (der Autor) tranken; William Gaxton, Blanche Ring, der technische Stab und ich – alle tranken. Bill Fields trank, von uns getrennt, aus eigenen Beständen, zusammen mit seinem Manager Billy Grady, seiner Freundin Bessie Poole und seinem Diener Shorty. Wir waren schon eine Woche mit den Dreharbeiten im Verzug und LeBaron tele-

grafierte uns: »Sämtliche Muster des zweiten Kameramanns verwakkelt. Was treibt Ihr denn? Sofort nüchtern werden und zurückkommen.« Da entschied Eddie, daß die Picknick-Szene unbedingt auf Mrs. Stotesburys Rasen gedreht werden müsse.
Palm Beach war in jenem Jahr besonders attraktiv, denn seine Millionäre waren zu der Auffassung gelangt, den Winter nicht ohne ihre *Follies*-Girls durchstehen zu können. Sie stellten Ziegfeld das Geld für die Produktion von *Palm Beach Nights* zur Verfügung, einer kleineren Fassung der *Follies*. Gespielt wurde in einer alten Versammlungshalle, die der berühmte Wiener Bühnenbildner Joseph Urban in einen Nachtclub mit einer richtigen Bühne verwandelte. Ziegfeld lieferte eine erstklassige Auswahl von *Follies*-Girls, darunter Paulette Goddard, die später Charlie Chaplin heiratete, und Susan Flemming, die später Harpo Marx heiratete. Nun sorgte unsere Truppe jede Nacht nach dem Finale der *Palm Beach Nights* für eine Show-Einlage. Blanche Ring sang *Rings on my Fingers*, Mickey Bennet sang mit schrillem Tenor Balladen, ich tanzte. Eddie führte vor, wie man sich kunstvoll auf den Hintern setzt, und Billy Gaxton spielte den Komiker. Er und Rudy Cameron führten eine ihrer alten Vaudeville-Nummern vor, sie tanzten und sangen und erzählten miese Witze, über die sie selbst am heftigsten lachten. Dann trat Gaxton solo auf und spielte Geige. Das war noch schlimmer als die Vaudeville-Nummer. Wenn ich versuche, mir das Wesen von Gaxtons Stegreifkomik ins Gedächtnis zurückzurufen, wird mir jetzt klar, daß sie aus Verzweiflung geboren wurde, denn er war auch im täglichen Leben immer komisch. Außerhalb der Dreharbeiten war er komisch, wenn er mir *Blondinen bevorzugt* vorlas; bei den Dreharbeiten war er komisch, wenn es um sein Make-up ging – immer ließ er den Kameramann Alwin Wyckoff überprüfen, ob eine Narbe im Nacken gut abgedeckt war, denn das war der einzige Teil von ihm, der in unseren gemeinsamen Zweieraufnahmen zu sehen war. Ich wußte ja, daß unsere Rolle als »love interest« in einem Fields-Lustspiel völlig unwichtig waren, aber Gaxton redete sich ein, daß seine erste Filmrolle ihm eine erfolgreiche neue Karriere eröffnen würde, und damit die Möglichkeit, jahrelanger Arbeit in mediokren Vaudeville-Sketchen zu entkommen. Es war bestenfalls ein fehlgeleiteter Akt der Freundschaft, als Eddie die Rolle eines jungenhaften Liebhabers einem raffinierten, vierunddreißigjährigen Schauspieler gab. Billy Gaxton war so empfindlich, war so stolz auf sein gutes Aussehen, seine spanischen Vorfahren und seine schauspielerischen Fähigkeiten. Als er 1931 in George Gershwins *Of Thee I Sing* ein großer Broadway-Star wurde, kam die töd-

Mit W. C. Fields in »It's the Old Army Game«, 1926

liche Verbitterung über, wie er meinte, sein Versagen in *It's the Old Army Game* zum Vorschein durch die Tatsache, daß er phantastische Verträge ablehnte und nie wieder einen Film drehte.
Da ich *It's the Old Army Game* nie gesehen habe, weiß ich nur, daß der Film kein Geld einspielte. Als Eddie 1927 seine zweite Fields-Komödie drehte, ein Remake von Mack Sennetts *Tillie's Punctured Romance*, waren die Paramount-Studios in Long Island geschlossen, hatte LeBaron die Paramount verlassen und erfüllte Fields seine vertraglichen Verpflichtungen im Hollywood-Studio. Ich war immer noch mit Eddie verheiratet, als *Tillie* vorbereitet wurde; es war das schlimmste Durcheinander, das ich jemals bei Filmarbeiten erlebt habe. Selbst Fields, der gewöhnlich nichts mit einem Film zu tun hatte, ehe die Dreharbeiten tatsächlich anfingen, kam eines Nachmit-

tags zu uns, um sich über die Story zu informieren, die ihm von Eddie und dem Autor Monte Brice erzählt wurde. Ich erinnere mich, wie Bill ruhig dasaß und zuhörte und Martinis aus Eddies Zweiliter-Cocktailshaker trank; ich erinnere mich, wie er mich damit neckte, daß er meine hauchdünnen venezianischen Weingläser fallen ließ, um sie dann, kurz bevor sie auf den Boden schlugen, aufzufangen; aber ich kann mich nicht daran erinnern, daß er auch nur ein einziges Wort über den idiotischen Plot äußerte, den man sich für das Remake des Films ausgedacht hatte.

Mack Sennetts *Tillie's Punctured Romance* war 1914 ein Kassenschlager gewesen, dank der Mitwirkung von Charlie Chaplin und Mabel Normand. Titel und Story hatten keinen Wert mehr, als die Paramount (die den ganzen Sennett-Komplex erworben hatte) 1927 die Rechte, samt der Dienste von Fields und Sutherland, an Al und Charlie Christie verkaufte. Die Christie-Brüder hatten seit 1916 die beliebten Christie-Komödien produziert. Sie waren freundliche, dicke Männer, die auf die Fünfzig zugingen, als die großen Filmgesellschaften die marktbeherrschenden Kinoketten etablierten, die Christies Kurzkomödien von zwei Rollen Länge vom Markt verdrängten, wie sie auch Sennetts verdrängten. Ein Anflug von Wahnsinn, heraufbeschworen durch die Aussicht, ihr Studio und ihr Anwesen in Beverly Hills zu verlieren, verführte die Christies dazu, eine Sechs-Rollen-Fassung von *Tillie* für den Paramount-Verleih zu produzieren. Der Film wurde unter Seufzern gedreht, unter Klagen in »Previews« vorgeführt, in wenigen Kinos gezeigt und fand dann im tiefsten Keller seine letzte Ruhestätte. Niemand trauerte der armen alten *Tillie* nach.

Wenn ein berühmter Mensch gestorben ist, fühlen sich die Biographen durch nichts gehindert, ihm eine glänzende Liste intimer Freunde anzuhängen. Anekdoten schmecken besser, wenn sie mit teuren Namen gewürzt sind. Bill Fields' Liste wächst mit jedem Erzählen. Soweit ich weiß, hatte er keine intimen Freunde, und er liebte nur einen einzigen Menschen, dessen Name, Paul Jones, praktisch niemandem etwas sagt. Paul Meredith Jones wurde 1897 in Bristol, Tennessee, einem Bergdorf an der Grenze zu Kentucky, geboren. 1922 tauchte er im Paramount-Studio auf und bekam einen Job als Requisiteur. Als er 1962 aus dem Studio ausschied, hinterließ er eine der glänzendsten Bilanzen als Komödienproduzent, die die Geschichte Hollywoods kennt. Er produzierte Komödien mit dem Team Bing Crosby und Bob Hope und mit Bob Hope allein, mit Dean Martin und Jerry Lewis und mit Jerry Lewis allein, mit Danny Kaye sowie mit W. C. Fields. 1931, als Paul noch Regieassistent war, kehrte Le-

Baron zur Paramount zurück, nahm ihn unter seine Fittiche und machte ihn zum Komödienproduzenten. LeBaron war ein großer, grauhaariger, eleganter Mann, während Paul ein kleiner, rotblonder Hillbilly * war; und doch hatten sie viel gemeinsam. Beide waren eher gelassene und gewitzte Beobachter der Szene als Beteiligte – herzlich und freundlich, doch distanziert. Beide waren in der Hollywood-Gesellschaft unbekannt, lieferten keinen Gesprächsstoff. Aber während LeBaron über allen Stürmen waltete, konnte er Paul in jedes Atelier schicken, wo unsichere Komödienregisseure mit unsicheren Komikern kämpften: Paul sorgte für Frieden.

Fields, Eddie und ich lernten Paul kennen, als er zweiter Regieassistent bei *It's the Old Army Game* war. Schon sein Gang – die Art, wie er ins Atelier kam, so als ob er gemächlich den Berg hinunterschlenderte, um einen freundlichen Besuch zu machen – wirkte beruhigend wie ein Wiegenlied. Er stützte sich auf seinen Spazierstock so entspannt, als lehne er über dem Gartenzaun, und blinzelte mit seinen schmalen Augen in seinem langen, ernsten Gesicht, während er zuhörte, wie Bill und Eddie sich über die Inszenierung einer Szene stritten, bis ihnen die Worte fehlten. Dann, mit ein paar leichten, beruhigenden Bemerkungen, brachte er sie dazu, daß sie sich komisch vorkamen und über sich lachen mußten. Wenn die Einstellung dann tatsächlich gedreht wurde, hatte sich der Streit längst von selbst erledigt – gewöhnlich zu Bills Gunsten. Paul wurde erster Assistent in *Tillie's Punctured Romance*. Zu der Zeit wurde er auch Fields' Vertrauter. Etwas verband sie: Frauen. Auch Paul schwärmte für hübsche Mädchen, die nicht für ihn schwärmten. Sein Handicap war seine völlige Einzigartigkeit. Im Aussehen, Verhalten und im Sprechen glich er niemandem sonst in Hollywood. Die jungen Mädchen schämten sich, mit »diesem kleinen Hillbilly aus den Bergen« auszugehen. Er hatte sich in eine hübsche Statistin verliebt, in Doris Hill, und er überredete Eddie, ihr eine Rolle in *Tillie* zu geben. Während der Dreharbeiten lernte sie Monte Brice kennen und heiratete ihn.

Das letzte Mal habe ich Paul 1940 gesehen, in seinem Haus. Er war ein mächtiger und reicher Produzent geworden, ohne sich auch nur ein bißchen zu verändern. Verheiratet war er mit seiner liebenswürdigen Sekretärin Julie, und sie wohnten in einem altmodischen Bungalow in einer wenig vornehmen Straße in Hollywood. Ich sollte schon bald Hollywood für immer verlassen, und Pauls Geschichten über Fields und seine Fields-Imitationen sind die letzten glücklichen Erinnerun-

* hillbilly = Hinterwäldler

gen, die ich an diesen unglücklichen Ort habe. Da ist besonders Bills Plan, Bessie Poole loszuwerden. Bessie war eine große, rundliche Blondine, die rosane Rüschenkleider aus Organdy trug, mit passendem Hut und Schirm und den passenden Schuhen und Handschuhen. In ihrer Haltung war sie unerschütterlich. Sämtliche Ratschläge Bills, daß es für sie besser wäre, sich von ihm zu trennen, prallten an ihrer lächelnden Zufriedenheit ab. Da er weder ein grausamer noch ein tapferer Mann war, plante er eine schmerzlose Trennung mittels einer erfundenen Geschäftsreise mit Paul nach San Francisco. Bessie brachte sie in Hollywood zum Bahnhof und winkte Paul und Bill, die auf der Aussichtsplattform des Zuges standen, zum Abschied mit ihrem rosanen Taschentuch nach. Während Bill die ganze Zeit winkte und strahlte und Bessie »Auf Wiedersehn« zurief, flüsterte er Paul seinen scheußlichen Plan ins Ohr. Gleich nach der Ankunft in San Francisco wollte er sofort seinen Anwalt in Hollywood anrufen und ihm den Auftrag geben, Bessie einen großzügigen Scheck auszuhändigen, sie in den ersten Zug nach New York zu setzen und sie zurück in die Varieté-Show zu schicken, aus der sie gekommen war. Paul wußte natürlich, daß Fields niemals den Mut haben würde, den Plan auszuführen, der so plausibel schien, als der Zug langsam anfuhr und er ihr zurief: »Auf Wiedersehn, Bessie! Alles Gute, meine Liebe – meine kleine Rosenknospe! Und paß auf dich auf!«

6 Lillian Gish und Greta Garbo

Es gab eine Zeit, da hatte ich viel zu sagen über das Unvermögen der einflußreichsten Filmstars, sich jene Einzigartigkeit zu bewahren, die aus ihnen doch erst Publikumsidole gemacht hatte. Ich fand viel zu tadeln an ihrem Mangel an Urteilskraft, der sie Rollen in schlechten Filmen akzeptieren ließ. Als ich mir im Frühjahr 1958 Lillian Gish in *One Romantic Night* (einer Bearbeitung von Molnars *Der Schwan*) anschaute, verstand ich einfach nicht, warum sie 1929 nach Hollywood hatte zurückkehren können, um diese gespenstische Rolle in diesem dümmlichen Film zu spielen, der an dem Ort gedreht wurde, aus dem ihr Geist schon zwei Jahre vorher verschwunden war – »vergessen von dem Ort, wo er gedieh«. Aber nachdem ich jetzt tiefer in die Absichten und Methoden der Filmmanager eingedrungen bin, kann ich mich nur staunend freuen über die Kraft der Persönlichkeit, des Verstandes und des Willens, durch die Lillian Gish fünfzehn Jahre lang ein Star geblieben war. Ich kann nur grenzenlos dankbar dafür sein, daß sie so viele wunderbare Filme machen konnte, bevor die Produzenten auf den Trick kamen, den Star an die Kandare zu legen und ihre Produkte nach ihrem Willen und ihrem persönlichen Geschmack zu standardisieren.

Alte Filme sind schlechte Filme. Filme sind jetzt besser denn je. Ein Schauspieler ist nur so gut wie sein letzter Film. Diese drei Glaubensartikel wurden von den Produzenten verkündet, und das Geschäft wurde unter dem Gesichtspunkt betrieben, ihre Richtigkeit zu beweisen. Und dem Publikum wurde eingebleut, über die alten Filme zu spotten. Die Leute waren daran gewöhnt gewesen, sich immer wieder die gleichen Dinge anzusehen und sie immer mehr zu lieben – die gleichen Minstrel-Shows, die gleichen Vaudeville-Nummern, immer wieder Sothern und Marlowe in *Der Kaufmann von Venedig*. Warum nicht immer wieder Lon Chaney in *Der Glöckner von Notre-Dame*? Oder immer wieder Pola Negri in *Madame Dubarry*? Aber Hollywood glaubte und fürchtete fraglos die Wahrheit dessen, was es sagte. Selbst Charlie Chaplin glaubte daran – er, dessen überragender Erfolg doch hauptsächlich auf der kontinuierlichen Vorführung seiner alten Filme beruhte. Unter allen schöpferischen Köpfen des Filmgeschäfts erkannte nur D. W. Griffith die Lüge. »Das Publikum ist nicht wankelmütig, was seine Stars angeht«, sagte er 1926. »Stars stürzen nicht so leicht, wenn auch die Theorie das Gegenteil behauptet. So hört man, daß der Sowieso tot ist, wenn er nicht sofort einen guten Film kriegt. Man braucht nur daran zu denken, wieviel schwache Filme mit großen Filmlieblingen gedreht worden sind – und sie sind immer noch beliebt.« Aber wer kümmerte sich schon um das, was Griffith sagte?

Das Jahr 1925 brachte zwei Ereignisse, die die Produzenten schließlich zu einem gemeinsamen Krieg gegen das Starsystem vereinten. Erst einmal war 1925 das schreckliche Jahr, in dem die Filmindustrie feststellen mußte, daß sie sich Wall Street ausgeliefert hatte. Bis zu diesem Zeitpunkt sich bescheiden zu einer Politik des Nichteingreifens bekennend, hatten die Bankiers die Bemühungen der Produzenten finanziert, die 20500 Filmtheater des Landes aufzukaufen und sie ermutigt, 250 Millionen Dollar im Jahr für den Bau neuer Kinos auszugeben. Nun aber saßen die Bankiers in den Aufsichtsräten und gaben den Produzenten Befehle. Die Bankiers waren in die Buchführungsgeheimnisse der Filmgesellschaften eingedrungen, hatten dabei die Studio-Pauschalkosten entdeckt (die Summe, die die Filmdirektoren auf die Produktionskosten aufschlugen und später unter sich verteilten) und kassierten jetzt großzügige Anteile der einst privaten »goldenen Ernte« der Produzenten. Als sie dann herausfanden, daß es nicht der Name des brüllenden Löwen im Vorspann, sondern der Name des Stars war, der an der Kasse für Multimillionen-Einnahmen sorgte, begannen die Bankiers, gegen die rücksichtslose Behandlung von Stars Einspruch zu erheben. Natürlich dachten die Produzenten nicht daran, ihre Praktiken der Gagenkürzung und der Kündigung von Stars aufzugeben – womit sie üblicherweise ihre Verluste ausglichen und ihr Prestige aufbesserten. Die Lösung lag vielmehr in raffinierteren Methoden, deren Wirksamkeit sich durch die Pleite an der Kinokasse erweisen sollte. Als erstes Opfer ihrer Vernichtungsstrategie wurde Lillian Gish erkoren. Eine einleuchtende Wahl. Denn von all den hassenswerten Stars, die sich den Produzenten bei der Durchführung ihrer habgierigen Pläne und bei ihrer endgültigen Selbstverherrlichung in den Weg stellten, war es Lillian Gish, die ihr Filmwissen und ihre Geschäftstüchtigkeit auf schmerzlichste Weise gegen die Produzenten ins Feld führte. Auch zeitlich gesehen, kam sie als Märtyrerin gelegen: Als Hollywoods strahlendes Symbol der Reinheit stellte sie den neuen Sex-Star in den Schatten.

Das Jahr 1925 war auch das Jahr, in dem es Will Hays gelang, in vierundzwanzig Bundesstaaten die Zensur abzuschaffen. Von diesen spielte eigentlich nur ein einziger Staat eine Rolle, New York – womit natürlich New York City gemeint war, wo Mr. Hays umsichtigerweise das »National Board of Review« ins Leben gerufen hatte, eine Art freiwilliger Selbstkontrolle. Dieses Amt war »gegen gesetzliche Zensurmaßnahmen und für konstruktive Methoden zur Auswahl besserer Filme«, und es hatte bei Testvorführungen der Produzenten bereits einige »Erwachsenenfilme«, die die Sexualität realistisch behandelten, begutachtet und freigegeben: Chaplins *A Woman of Paris*, Stroheims *Greed* und Sternbergs *The Salvation Hunters*. Auch das Publikum hatte sich diese Filme gefallen lassen. Es hatte den neuen Helden akzeptiert: die gewissenlose Raffinesse eines Adolphe Menjou und die ungezügelte Männlichkeit eines John Gilbert – ausgehend von der allseitig geschätzten Annahme, daß praktisch alle Frauen sowieso Huren seien. Alles war schon vorbereitet, den Schatz an der Kinokasse zu kassieren, wo der Produzenten Herz schlug, als sie plötzlich durch die Erkenntnis gebremst wurden, daß sie keine Heldin hatten, die über genügend Jugend, Schönheit und Persönlichkeit verfügte, um die freie Liebe sympathisch erscheinen zu lassen. Um aber als wundervoll gelungen zu gelten, mußte der Film eines weiblichen Stars immer noch mit dem Anhängsel Ehe versehen werden. May Murray, die ihre Tugend gegen Stroheims Regie in *Die lustige Witwe* verteidigte, hatte die Unmöglichkeit bewiesen, etablierte Stars in neues Gold zu verwandeln. Der Typ der Frau von Welt, der in Gestalt von Edna Purviance, Florence Vidor und Aileen Pringle ins Rennen geschickt wurde, war dem Publikum zu entrückt, zu reif, um es zu interessieren. Die leidenschaftliche Pola Negri war drei Jahre durch die Paramount-Maschine gedreht worden; jetzt war sie an der Kinokasse tot. Und die Produzenten machten die Schauspielerinnen verrückt – sie behängten Barbara LaMarr mit einem Nonnenschleier, um sie sympathisch zu machen; sie steckten Lois Wilson, Hollywoods berühmtester Leinwandjungfrau, eine Rose zwischen die Zähne, um sie sexy zu machen. Dann aber, im Frühjahr 1925, fand Louis B. Mayer *sie!* Als er in Berlin Greta Garbo in dem schwedischen Film *Gösta Berling* sah, wußte er mit hundertprozentiger Sicherheit, daß er ein Sex-Symbol gefunden hatte, das seine und jedermanns Vorstellungen übertraf. Hier war ein Gesicht von der reinen Schönheit der Maria in Michelangelos *Pietà*, das aber doch von Leidenschaft glühte. Ihre Seelenqualen waren von der Art, daß das amerikanische Publikum ihr die vielen Affären in ihrem ersten amerikanischen Film *The Torrent* verzeihen würde. Endlich konnte die Ehe – das Hindernis, das der Lust am Sex im Weg stand – abgeschafft werden! Hier war endlich

Lillian Gish, 1927

eine Antwort an die Adresse junger Schauspielerinnen, die »gute« Frauen spielen wollten!
Was die etablierten weiblichen Stars anging, so war es nur eine Frage von ein oder zwei Jahren, bis die Studios ihnen allen die tatkräftige Unterstützung entziehen würden. Und wie gelegen kam da der Tonfilm, lieferte er doch einen plausiblen Grund, mit dem man dem Publikum das Verschwinden vieler Lieblinge erklären konnte. Aber es gab keine Schauspielerin in Hollywood, die nicht den wahren Grund kannte: Greta Garbo. Von dem Augenblick an, als *The Torrent* ins Atelier ging, sollte keine Schauspielerin ihrer Generation mehr ganz zufrieden mit sich selbst sein. Das gesamte M-G-M-Studio, einschließlich des Regisseurs Monta Bell, schaute sich die täglichen Muster an und staunte bloß, wie Garbo aus dem dürftigsten, abgegriffensten Material auf der Leinwand den vielschichtigen, bezaubernden Schatten einer Seele schuf. Und dieser Schatten war so riesenhaft, daß die Leute nicht darüber sprechen mochten. Zwei- oder dreimal die Woche traf ich auf Parties Norma Shearer und Irving Thalberg, Hunt Stromberg, Paul Bern, Jack Conway und Clarence Brown, die alle bei der M-G-M arbeiteten. Wenn ganz zufällig einer der Männer so unmenschlich war, von einem Garbo-Film zu reden, sagte eine der Frauen: »Ja, wirklich, ist sie nicht göttlich?« Und ging

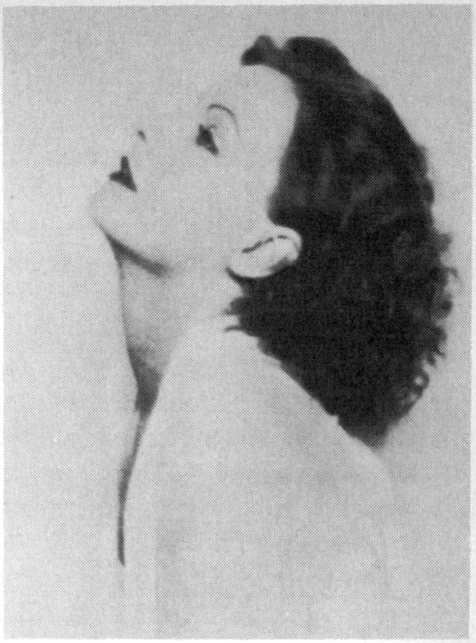

Greta Garbo, 1927

dann schnell zu einem Thema über, das weniger Verzweiflung auslöste.

Ein Name, der bei diesen endlosen Fachsimpeleien nie erwähnt wurde, war Lillian Gish. Der Verdacht, daß M-G-M sie mit einer spektakulären Gage unter Vertrag genommen hatte, um sie systematisch zu vernichten, hätte sich mir nicht aufgedrängt, wenn ich nicht eines Abends im Jahr 1956 im Dryden Theatre im Eastman House in Rochester ihren Film *The Wind* gesehen hätte. Ich hatte nie davon gehört! Und ich konnte auch keine Anhaltspunkte seiner Geschichte finden. Gishs Kostüme, bezaubernd entworfen, stammten aus allen Epochen, waren an keine Epoche gebunden. Ihr Haar war entweder in zeitloser Mode hochgesteckt oder umwehte ihren Hals, ihre Schultern. Der schwedische Regisseur Victor Seastrom (ursprünglich Sjöström) hatte mit seiner Regie Anteil an ihrer Kunst, Zeit und Ort zu entfliehen. Seastrom und Gish waren füreinander bestimmt. Nach dem Film konnte ich kaum abwarten, James Card, Kurator am Eastman House, zu fragen, wann und wo der Film gedreht worden war. »1927 bei der M-G-M in Hollywood«, war seine Antwort. »In Hollywood, 1927, bei der M-G-M?« sagte ich. »Aber da habe ich ja bei der Paramount gearbeitet! Wie kommt es, daß ich nie ein Wort über *The Wind* gehört habe?« Entschlossen, das Rätsel der verwischten Spuren

des Films zu lösen, stürzte ich mich auf der Stelle auf die Bände der Zeitschrift Photoplay. Ich wußte noch genau, daß ihr Herausgeber James Quirk wohl bei jedem Herzschlag der M-G-M-Chefs mitgeweint und mitgewütet, mitgetanzt und triumphiert haben mußte. Und ich fand, daß die letzte Freundlichkeit, die Photoplay Gish bis zu ihrem Verlassen der M-G-M erwiesen hatte, die Unterschrift unter ihrem Foto in der Oktober-Ausgabe 1924 war. Ihr Film *Romola* wurde dort »eine der vielversprechenden Produktionen der neuen Filmsaison« genannt. Von da an verfolgte ich Quirks faszinierende Operationen in Sachen Gish wie Sherlock Holmes.
Die Nachricht über ihren beispiellosen Vertrag – achthunderttausend Dollar für sechs Filme in zwei Jahren – wurde im Juni 1925 nachgereicht und auf den letzten Seiten vergraben. Im September, noch ehe der erste dieser Filme, *La Bohème*, ins Atelier ging, regte sich Photoplay unerklärlich in einem Kommentar auf:
»Was hält die Zukunft für Lillian Gish bereit? Die Kritik hat ihre Moden und Maschen, und in den vergangenen Jahren ist es modern gewesen, sie als Duse der Leinwand zu preisen; doch seit sie die Studios von Mr. Griffith verlassen hat, ist nichts entstanden, was ihren künstlerischen Vorrang gegenüber anderen hochverdienten Schauspielerinnen rechtfertigen könnte. Sie hat immer das zerbrechliche junge Mädchen gespielt, das in den grausamen Mahlstrom des Lebens gerät und hilflos um ihre Ehre oder ihr Glück kämpft. Sie verfügt über eine Lebensphilosophie, an der sie mit einer Bedachtsamkeit festhält, daß sie fast einer Religion gleichkommt, was mich [Quirk] an eine mädchenhafte Whistlers Mutter erinnert. Mag sie vielleicht auch nicht die intellektuelle Persönlichkeit sein, die manche Autoren so gern in ihr wegen ihrer Gelassenheit sehen, so besitzt sie doch einen gesunden Geschäftssinn, der es ihr ermöglicht, aus ihrer Leinwandpersönlichkeit mit einer der höchsten Gagen Kapital zu schlagen... Wäre es nicht interessant, die Gish einmal in einer Rolle à la Barbara LaMarr zu sehen? Denn schließlich war die Duse ja nun wirklich eine vielseitige Schauspielerin.«
Als *La Bohème* im März 1926 in die Kinos kam, wurde Quirk in einem langen Artikel *Das Enigma der Leinwand* für seine mehr als zwei Millionen Leser noch deutlicher:
»Lillian Gish hat sich niemals einen festen Platz in der Gunst des Publikums erringen können. Sie erzielt ihre volle Wirkung allein durch einen einzigen Gefühlszustand – nämlich durch Hysterie... Als gewöhnlicher, kommerzieller Routine-Star, der automatisch alles dreht, was immer an Stoffen vorhanden sein mag, wäre ihr Schicksal an der

Kinokasse ebenso tragisch besiegelt, wie es das unabänderlich auf der Leinwand der Fall ist... Beobachter der Dreharbeiten von *La Bohème* spürten das sehr stark. Die schauspielerischen Methoden von John Gilbert und Miss Gish unterscheiden sich völlig. Er war der Meinung, daß sie eine große Leinwandkünstlerin sei und *technisch* mehr Erfahrung habe als alle anderen. Doch seine Arbeit litt ganz deutlich unter dieser Methode.«

In einer »Kurzkritik« von *La Bohème* vom Juni 1926 hieß es in Photoplay: »Eine einfache Liebesgeschichte, wunderbar inszeniert von King Vidor, mit viel Können gespielt von John Gilbert. Lillian Gish ist auch dabei.« Im Oktober wurde *The Scarlet Letter* mit den Worten rezensiert: »Lillian Gish trägt den roten Buchstaben der Sünde mit ihrer typischen jungfräulichen Lieblichkeit.« Die Klatschseiten waren gespickt mit Notizen wie: »Wer ist Ihre Wahl für die Lorelei Lee in *Blondinen bevorzugt*? Für uns ist es Lillian Gish. Falls es aber der Paramount nicht gelingen sollte, Lillian zu bekommen, empfehlen wir ihr, sich doch Harry Langdon für die Rolle auszuleihen.«

Das Problem war nun, wie man Gish dazu bringen konnte, einen richtigen Schmarren zu drehen. Unter ihrer künstlerischen Aufsicht waren *La Bohème* und *The Scarlet Letter* ausgezeichnete Filme geworden. Als sie nun ihre kranke Mutter aus London abholen mußte, stellte das Studio ihr sorgfältig eine Falle mit einem Ansichtskartenfilm unter dem Titel *Annie Laurie*; und als sie nach Hollywood zurückkehrte, fand sie alles für die Dreharbeiten vorbereitet: Szenenbild, Kostüme und den Schauspieler Norman Kerry. Als nächstes drehte sie, wieder unter ihrer künstlerischen Aufsicht, *The Wind*, einen Film, der mit Sex und Gewalt so geladen war, daß die M-G-M ihn so lange zurückhielt, bis der erste Oscar sicher an Janet Gaynor gegangen war. Und dann versagte Gishs Kraft, und sie akzeptierte einen öden Studio-Stoff, *The Enemy*. Sie könne jetzt gehen, meinte die M-G-M, sie brauche den sechsten Film nicht mehr zu drehen. Endlich konnte Quirk sie als warnendes Beispiel allen Schauspielerinnen vorhalten, deren Ambitionen womöglich über Sex und Schönheit hinausreichten. M-G-M habe sie ziehen lassen, weil sie achttausend Dollar pro Woche bekam! Und ohne rot zu werden, verbreitete er die Auffassung, daß alle Filme, die unter ihrer Kontrolle entstanden waren, an der Kinokasse Pleiten gewesen wären. Im Alter von einunddreißig Jahren, als macht- und geldgierige, alberne und geschlechtslose Antiquität gebrandmarkt, verließ die große Lillian Gish Hollywood für immer, und nicht ein Kopf drehte sich um und bemerkte ihren Abschied. »Eines Schatten Schatten – eine Welt von Schatten.«

Wenn man sich jetzt daran erinnert, so scheint es verhängnisvoll, daß Gish, nachdem sie *Gösta Berling* gesehen hatte, weiter ihr Vertrauen in Louis B. Mayer setzte, gerade weil er Greta Garbo nach Hollywood geholt hatte. Ganz unmöglich konnte sie ahnen, daß durch dieses Ereignis Gish-Rollen ebenso schnell passé sein würden, wie das Studio ihren Vertrag erledigen konnte. Noch ehe die Dreharbeiten zu *The Torrent* anliefen, schickte die Filmgesellschaft Garbo zu Publicity-Fotos ins Atelier, wo sie Gish bei der Arbeit zu *La Bohème* beobachten konnte. Und während sie dem einzigen amerikanischen Star zuschaute, dessen Arbeit durch Integrität, Hingabe und Willensstärke jenen Maßstäben von Disziplin und Qualität vergleichbar war, die Garbo sich in Europa erworben hatte, mußte sie mit ansehen, wie hier eine hilflose Schauspielerin in einem Wirbel von Opportunismus, Unentschlossenheit und chaotischer Arbeitszeitplanung untergebuttert wurde – und sinnloser Unfug war ja nun nicht gerade die Regel in der amerikanischen Filmindustrie. Im Mai 1926 zitierte Photoplay Garbo mit den Sätzen, die ihren Akzent verrieten: »Ich freue mich schon, wenn ich ein großer Star sein werde wie Lillian Gish. Dann brauche ich keine Reklame mehr und brauche mich auch nicht mehr beim Händeschütteln mit Boxern fotografieren zu lassen.« *La Bohème* und *The Torrent* hatten in derselben Februarwoche des Jahres 1926 am Broadway Premiere. *La Bohème*, eine großartige Geschichte mit einem großartigen Regisseur, King Vidor, und zwei großen Stars, Lillian Gish und John Gilbert, machte im Embassy Theatre durchschnittliche Kasse. *The Torrent*, eine unsinnige Geschichte mit einem mäßigen Regisseur, einem männlichen Hauptdarsteller vom Typ Valentino, nur komisch, Ricardo Cortez, und einer unbekannten Schauspielerin, Greta Garbo, sorgte im Capitol Theatre für Spitzeneinnahmen. Garbo bekam sechzehntausend Dollar im Jahr.
Nach *The Temptress* sagte Garbo: »Ich möchte keine alberne Verführerin sein. Ich kann keinen Sinn darin sehen, mich herauszuputzen und weiter nichts zu tun, als im Film die Männer zu verführen.« Und Quirk fühlte sich veranlaßt, in seinem Dezember-Kommentar zu schreiben: »Wenn du erstmal richtig Englisch gelernt hast, Kleine, dann erkundige dich, wieviel hübsche und kluge Girls vollkommen ruiniert worden sind, weil sie immer die guten Frauen spielten und nie die Chance hatten, zu zeigen, wie gut sie ›schlecht‹ sein konnten. Manche Schauspielerinnen würden ihre Jahresgage dafür hergeben, wenn sie einmal einen ganzen Film lang eine Rolle spielen dürften, in der sie auf den Putz hauen, alle an der Nase herumführen und die Zensur reizen können. Es gibt natürlich Ausnahmen. Lillian Gish

zeigt weiterhin, daß Tugend sich selbst Lohn genug zu sein vermag – bei achttausend Dollar die Woche.« Hatte man im November noch den Beginn der Dreharbeiten zu *Anna Karenina* mit Lillian Gish angekündigt, so wurde daraus doch *Love* mit Greta Garbo. *Love* war Garbos erster Film, nachdem sie im Mai 1927 ihren neuen M-G-M-Vertrag unterschrieben hatte. Quirk hatte Garbo im April 1927 in Photoplay einen deutlichen Wink gegeben: »Wie es heißt, hat Metro Garbo davon unterrichtet, daß sie, nach Ablauf ihres Visums, im Juni ausgewiesen wird, falls sie nicht unterschreibt.« So wie sie ihre geniale Begabung kannte und wußte, daß sie – jetzt und für alle Zeit – die Königin aller Filmstars war, wußte sie auch, daß sie mit dem Verlassen ihres Königreichs zu einem wandernden, verlöschenden Stern wie alle anderen werden mußte. Sie wollte im Grunde nicht heimkehren. Nach einem langen, zähen Kampf um die Gage unterschrieb sie: für siebentausendfünfhundert Dollar die Woche. Ihr geschäftlicher Triumph über das Studio war die Ernte von sieben Monaten erstaunlich eindrucksvoller Publicity im ganzen Land. Das Studio hatte nicht mit einer Niederlage und den Konsequenzen gerechnet. Und der Sieg einer einzelnen Frau ohne Freunde in einem fremden Land über die besten Köpfe einer großen Firma erschütterte ganz Hollywood.

Verglichen mit den eleganten Schlägen, die Quirk an Lillian Gish austeilte, wandte die M-G-M die Methode, sich selbst das Grab zu schaufeln, ziemlich schlampig an; zur flotten Schlußrunde sollte es erst 1936 kommen, nach dem Tod Irving Thalbergs, als Mayer daranging, seinen Stall neu zu bestücken, und zwar mit Schauspielerinnen, die seinem Herzen näher standen; dabei mußte er sich allerdings mit dem unlösbaren Problem abmühen, wie man einen Kassenmagneten macht, ohne den Star so groß werden zu lassen, daß man sich ihn nicht mehr leisten konnte. Unter vollem Beifall wurden so, auf dem Höhepunkt ihrer Schönheit, ihrer Kunst und ihrer Popularität Jeanette MacDonald, Joan Crawford und Norma Shearer von ihren Plätzen vertrieben – und schließlich auch Garbo selber. Sechzehn Jahre waren vergangen zwischen der öffentlichen Hinrichtung Lillian Gishs und der unblutigen Vertreibung Greta Garbos. Allein mit ihren Püppchen und der schrumpfenden Riege von Altherren-Stars, die ihnen geblieben waren, sahen die Hollywood-Produzenten zu, wie überall im Land in einem Filmtheater nach dem anderen die Lichter ausgingen.

G. W. Pabst und Louise Brooks während der Dreharbeiten zu »Tagebuch einer Verlorenen«, 1929

7 Pabst und Lulu

Frank Wedekinds zweiteiliges Drama, *Erdgeist* und *Die Büchse der Pandora*, beginnt mit einem Prolog. Aus dem Zirkuszelt tritt der Tierbändiger, in der Linken eine Hetzpeitsche, in der Rechten einen geladenen Revolver, und spricht zum Publikum: »Hereinspaziert in die Menagerie.« Es war die trefflichste Besetzungsidee, die G. W. Pabst jemals verwirklichte, als er in seiner Verfilmung von Wedekinds »Monstertragödie« die Rolle des Regisseurs, des Tierbändigers, sich selbst anvertraute. Nicht einen einzigen sentimentalen Trick ließ diese Hand mit der Peitsche den Schauspielern durchgehen, die seine Bestien zu spielen versammelt waren. Den Revolver schoß er dem Publikum mitten ins Herz. Als Wedekind um die Jahrhundertwende in Berlin seine beiden Lulu-Stücke schrieb, wurden sie verdammt, verabscheut und verboten. Sie wurden als »unsittlich und unkünstlerisch« verurteilt. Wenn schon in jener Zeit, als die geheiligten Vergnügungen der herrschenden Klasse noch vergleichsweise privat waren, ein Stück, das sie ans Licht brachte, die Hüter des Gesetzes auf den Plan rief, wieviel wilder mußte dann der Angriff auf einen Film sein, der, getreu dem Text Wedekinds, 1928 in Berlin hergestellt wurde, wo die herrschende Klasse ihre Vergnügungen öffentlich prunkend zur Schau stellte: als Symbol des Reichtums und der Macht. Und da niemand wirklich weiß, was ein Regisseur tut, ehe seine Arbeit getan ist, ahnte niemand, der mit dem Film zu tun hatte, auch nur im Traum, daß Pabst einen kommerziellen Fehlschlag riskierte, als er die Geschichte einer »unsittlichen« Prostituierten verfilmte, die nicht gerade wild auf ihre Arbeit und die von der »unkünstlerischen« Häßlichkeit roher Bestialität umgeben war. Erst fünf Jahre zuvor hatte die berühmte dänische Schauspielerin Asta Nielsen Wedekinds Stück *Erdgeist* zum gleichnamigen Film kondensiert. Nichts Lesbisches kam darin vor, kein Inzest. Die männerfressende Loulou verschlang ihre sexuellen Opfer – Dr. Goll, Schwarz und Schön – und fiel dann, in einem akuten Anfall von Verdauungsstörung, tot um. Auf eine solche Art von Film, mit den Pabstschen Verfeinerungen, war das Publikum vorbereitet. Mit der Absicht, das Publikum einer unentrinnbaren Desillusionierung auszusetzen, und in der Hoffnung, jede Kopie, selbst die des glatten Pagenschnitts, den Nielsen als Loulou getragen hatte, zu vermeiden, machte Pabst Probeaufnahmen von mir mit einer Lockenfrisur. Aber nachdem er die Muster gesehen hatte, gab er dieses Ziel auf und ließ mir meinen schwarzglänzenden Helm, außer für die gelockte Sequenz in der Spielhölle auf dem Schiff.

Über das Wagnis, Wedekinds Problematik abnormer Psychologie zu verfilmen – Wedekind hat, nach seinen eigenen Worten, »das furchtbare Verhängnis der Unnatürlichkeit ... zum Gegenstand ernster dramatischer Gestaltung« gemacht – und über das Wagnis, die Prostituierte als Opfer zu zeigen, ging Pabst noch einen Schritt hinaus bis zu der äußersten, verdammungswürdigen Unsittlichkeit: Er gab seiner Lulu die »süße Unschuld« der Blumen, die ihre Kleider zierten und die Szenen des Stücks füllten. »Lulu ist kein wirklicher Charakter«, sagte Wedekind in einem Kommentar, »sondern die Verkörperung primitiver Sexualität, die das Böse ganz unbewußt heraufbeschwört.« Und: »Lulu spielt... eine rein passive Rolle.« Mitten im Prolog wird sie, im knabenhaften Pierrot-Kostüm, von einem Bühnenarbeiter vor den Tierbändiger getragen, der ihr sagt:

»... sei ja nur nicht geziert!
Nicht albern, nicht gekünstelt, nicht verschroben,
Auch wenn die Kritiker dich weniger loben.
Du hast kein Recht...
Durchs Faxenmachen uns und Fratzenschneiden
Des Lasters Kindereinfalt zu verleiden.«

Dies war die Lulu, die die Kritiker, als der Film herausgebracht wurde, nicht nur weniger lobten: Sie lobten sie gar nicht. »Louise Brooks kann nicht spielen«, schrieb ein Kritiker. »Sie leidet nicht. Sie tut überhaupt nichts.« Was die Kritik anging, so hatte Pabst danebengeschossen. Ich war es, die durch mein Versagen getroffen war, obwohl er alles nur mögliche getan hatte, mir Kraft zu geben und mich vor diesem tödlichen Schlag zu bewahren. Er ließ es niemals zu, daß ich öffentlich mit dem Film identifiziert wurde, nach jenem Abend, an dem wir, noch während der Dreharbeiten, als Gäste bei der UFA-Premiere im Gloria-Palast auftraten. Als wir das Theater verließen und er mich hastig durch eine Menge feindseliger Kinogänger bugsierte, hörte ich ein junges Mädchen laut etwas Häßliches sagen. Im Taxi hämmerte ich mit den Fäusten auf seine Knie und bedrängte ihn: »Was hat sie gesagt? Was hat sie gesagt?« Schließlich übersetzte er: »Das ist die Amerikanerin, die unsere deutsche Lulu spielt.«

Im Studio unterband Pabst, der über einen besonderen, alles durchdringenden Sinn verfügte, mit dem er durch Mauern wie in Köpfe blicken konnte, jeden offenen Akt der Verachtung. Obwohl ich mich niemals beschwert hatte, besetzte er die Stelle eines Assistenten, der mich immer aus meinen Nickerchen in der Garderobe durch Schläge gegen die Tür und sein gebrülltes »Fräulein Brooks! Kommen Sie!« weckte, mit einem anderen Assistenten. Während ihrer täglichen Anwesenheit bei den Dreharbeiten begann mein Schatz von einer Zofe, Josifine Müller, die für Asta Nielsen gearbeitet hatte und sie für die größte Schauspielerin der Welt hielt, mich zärtlich zu lieben, weil ich die schlechteste Schauspielerin der Welt war. Aus dem gleichen Grund sprach auch der große Schauspieler Fritz Kortner, der den Schön spielte, überhaupt nie mit mir. Mit Pabsts Kraft lernte ich, schmerzliche Eindrücke abzuwehren. Wie alle anderen bei dieser Produktion glaubte auch Kortner, daß ich Pabst in einen Bann geschlagen hatte, der ihn blendete und es mir erlaubte, meine Rolle einfach so runterzuspielen. Für sie alle war das ein klägliches Ergebnis von Pabsts schwieriger Suche nach Lulu, über die Paul Falkenberg, einer seiner Assistenten, 1955 sagte: »Die Vorbereitungen für *Die Büchse der Pandora* waren schon eine ziemlich sagenhafte Geschichte, denn Pabst konnte keine Lulu finden. Mit keiner Schauspielerin, die zur Verfügung stand, war er zufrieden, und monatelang liefen alle, die an der Produktion beteiligt waren, auf der Suche nach Lulu herum. Ich sprach Mädchen auf der Straße an, in der U-Bahn, in Bahnhöfen – ›Könnten Sie vielleicht einmal in unser Büro kommen? Ich möchte Sie gern Herrn Pabst vorstellen.‹ Pflichtgemäß schaute er sie alle an und lehnte sie alle ab. Und schließlich nahm er Louise Brooks.«

Wie Pabst bestimmte, daß ich seine nicht gezierte Lulu mit der Kindereinfalt des Lasters sei, war Teil einer mysteriösen Verbindung, die zwischen uns schon zu bestehen schien, sogar ehe wir uns noch kennenlernten. Er wußte nicht mehr von mir, als was er in einer unbedeutenden Rolle gesehen hatte, die ich in dem Film *A Girl in Every Port* (1928) von Howard Hawks gespielt hatte. Ich hatte noch nie etwas von ihm gehört und hatte keine Ahnung, daß er erfolglose Verhandlungen geführt hatte, um mich von der Paramount auszuleihen, bis ich an dem Tag, als mein Vertrag zur Verlängerung anstand, ins Hauptbüro gerufen wurde. Man wollte meine Gage nicht mehr erhöhen. B. P. Schulberg stellte mich vor die Alternative, entweder mit meiner alten Gage zu bleiben oder aber aufzuhören. Das war zur Zeit der Umstellung auf den Tonfilm, und die Studios nutzten das auf häßliche Weise aus, um den Vertragsschauspielern die Gagen zu kürzen. Da ich hinzunehmen mich weigerte, was auf eine Kürzung hinauslief, verließ ich die Paramount. Fast beiläufig erwähnte Schulberg Pabsts Angebot, das ich nun, da ich frei sei, annehmen könne. Ich sagte, ich wolle es annehmen, und er telegrafierte Pabst. Das alles spielte sich in ungefähr zehn Minuten ab, und ich ging und ließ Schulberg wie benommen von meiner Haltung und meinen schnellen Entschlüssen zurück.

Wenn ich nicht sofort gehandelt hätte, wäre mir die Rolle der Lulu entgangen. Zur gleichen Stunde saß Marlene Dietrich in Berlin in Pabsts Büro. Pabst sagte später: »Dietrich war zu alt und zu eindeutig – ein sexy Blick, und der Film würde zur Burleske. Aber ich gab ihr noch eine Frist, und der Vertrag sollte gerade unterschrieben werden, als die Paramount telegrafierte, daß ich Louise Brooks haben konnte.« Es muß daran erinnert werden, daß Pabst von der Dietrich aus der Zeit vor Josef von Sternberg sprach. Sie war die Dietrich aus *Ich küsse Ihre Hand, Madame*, einem Film, in dem sie sich, abwechslungsreich herausgeputzt in Perlen, Brokaten, Straußenfedern, Chiffonrüschen und weißem Kaninchenpelz, von einem lasziven Blick in den andern stürzte. Jahre nachdem eine andere Gunst das Schicksals sie zum Spitzenstar gemacht hatte – denn Sternbergs Biograph Herman Weinberg erzählte mir, daß Sternberg, nur weil Brigitte Helm nicht zur Verfügung stand, weiter suchte und so die Dietrich für den *Blauen Engel* fand –, sagte sie zu Travis Banton, dem Kostümbildner der Paramount, der ihren Flitter und ihre Federn in glitzernde, umschattete Schönheit verwandelte: »Stellen Sie sich vor, daß Pabst Louise Brooks für seine Lulu wählte, wo er doch mich hätte haben können!«

So ist also meine Darstellung der tragischen Lulu ohne Gefühl für Sünde ein Vierteljahrhundert allgemein nicht akzeptiert worden.

Vor nicht langer Zeit fragte mich ein Priester, nachdem er im Eastman House *Die Büchse der Pandora* gesehen hatte: »Wie fühlten Sie sich eigentlich, als Sie – *dieses Mädchen* spielten?«

»Wie ich mich fühlte? Prima! Mir kam das alles vollkommen normal vor.« Da ich sah, wie er angewidert und ungläubig stutzte und weil ich nicht irrtümlicherweise für eine jener Frauen gehalten werden wollte, die Priester mit sensationellen Beichtgeständnissen schockieren, versuchte ich, ihm die Wahrheit von Lulus Welt zu beweisen; ich erzählte ihm von meinen eigenen Erlebnissen in den *Ziegfeld-Follies* von 1925, als eine Lesbierin meine beste Freundin war und ich zwei millionenschwere Verleger kannte, die, so ziemlich wie Schön im Film, Shows finanzierten, um immer gut mit Lulus versorgt zu sein. Aber der Priester verweigerte sich meiner Wirklichkeit, genauso wie Berlin

sich seiner Wirklichkeit verweigert hatte, als wir *Die Büchse der Pandora* drehten und Sex das Geschäft der Stadt war. Im Eden Hotel, wo ich in Berlin wohnte, bevölkerten die Luxusflittchen die Café-Bar. Draußen vor der Tür gingen die Mädchen der preiswerteren Kategorie auf den Strich. An der Ecke standen die Mädchen in Stiefeln und annoncierten ihre flagellantischen Dienste. Agenten der Schauspieler verkuppelten die Damen in den Luxusappartements des Bayrischen Viertels. Tipgeber vom Pferderennen in Hoppegarten arrangierten Orgien für ganze Sportlergruppen. Der Nachtclub Eldorado präsentierte eine ganze Reihe verlockender Homosexueller in Frauenkleidern. Im Maly standen Lesbierinnen – feminine und in Schlips und Kragen – zur Auswahl. Im Theater tobte ohne Scham die kollektive Lust. Wenn Josephine Baker in der Revue *Chocolate Kiddies* bis auf einen Bananengürtel nackt auftrat, war es genauso, wie Wedekind in seinem Stück Lulus Bühnenauftritt beschreibt: »Sie rasen dort so wie in einer Menagerie, wenn das Fleisch vorm Käfig erscheint.«
Jeder Schauspieler hegt eine natürliche Animosität gegen jeden anderen Schauspieler, ob anwesend oder abwesend, tot oder lebendig. Die meisten Regisseure in Hollywood verstanden das nicht, und sie verstanden ebensowenig, warum ein Schauspieler versucht sein mochte, sich jener verzückten Hingabe an den Meister zu enthalten, die sie als wesentlich für ihre Machtposition betrachteten. Als ich nach Berlin kam, um *Die Büchse der Pandora* zu drehen – wie herrlich befreiend wirkte da die Pabst-Atmosphäre im Studio auf mich, und was für eine Offenbarung der Regiekunst zeigte sie mir! Pabst ermutigte die Schauspieler geradezu in ihrer Neigung, einander zu hassen und sich aus dem Weg zu gehen und bewahrte so ihre Energie für die Kamera; und wenn die Schauspieler nicht gebraucht wurden, befahl sein Ego ihnen nicht, Männchen zu machen und ihn mit freudigem Gebell zu begrüßen. Das Verhalten Fritz Kortners war ein vollkommenes Beispiel dafür, wie Pabst die wahren Gefühle eines Schauspielers nutzte, um seiner Darstellung mehr Tiefe, Größe und Intensität zu verleihen. Kortner haßte mich. Nach jeder Szene mit mir stapfte er aus den Kulissen und zog sich in seine Garderobe zurück. Mit seinem geheimnisvollsten Lächeln ging Pabst dann persönlich zu ihm, um ihn durch Schmeichelei zur Rückkehr für die nächste Szene zu bewegen. In der Rolle des Dr. Schön empfand Kortner für mich (oder für die Figur der Lulu) Gefühle, in denen sich sexuelle Leidenschaft mit dem gleichermaßen leidenschaftlichen Wunsch verband, mich zu zerstören. Eine Sequenz gab ihm die Gelegenheit, mich mit einer solchen Gewalttätigkeit zu schütteln, daß auf meinen Armen zehn grüne und blaue

Fingerabdrücke zurückblieben. Pabst und Kortner waren beide sehr zufrieden mit dieser Szene, denn Pabsts Gefühle für mich, wie die Kortners, unterschieden sich nicht sehr von denen, die Schön für Lulu empfand. Ich glaube, daß Pabst in den beiden Filmen, die er mit mir gemacht hat – *Die Büchse der Pandora* und *Tagebuch einer Verlorenen* –, eine Untersuchung seiner Beziehungen zu Frauen durchführte, mit dem Ziel, jede Leidenschaft, die seiner Leidenschaft für seine Arbeit in die Quere kam, zu besiegen. Sexuelle Liebe erregte ihn nicht; er tat sie ab als enervierenden Mythos. Es war sexueller Haß, der Pabsts ganzes Wesen mit flammender Realität erfüllte.

Mit gewitzter Perversität wählte Pabst Gustav Diessl für die Rolle des Jack the Ripper in *Die Büchse der Pandora* und Fritz Rasp für die Rolle des lüsternen Apothekergehilfen in *Tagebuch einer Verlorenen*. Sie waren die einzigen Schauspieler in jenen Filmen, die ich gutaussehend und sexuell anziehend fand. Pabsts Gestaltung der Jack-the-Ripper-Szenen hatte durchaus nichts Kompliziertes an sich. Er machte aus ihnen eine zärtliche Liebespassage bis zu dem schrecklichen Augenblick, als Diessl das Messer, im Kerzenlicht glänzend, auf dem Tisch liegen sah. Aber die Verführungsszenen im *Tagebuch einer Verlorenen* stellte er sich als Ballett vor, mit mir (Thymiane) als Verführerin, und so gestaltete er sie als eine Reihe subtiler, fast wortloser Manöver zwischen einem »unschuldigen« jungen Mädchen und einem wachsamen Lüstling. Er wählte Fritz Rasp nicht nur, weil er die Rolle, die ans Burleske grenzte, mit Zurückhaltung spielen würde, sondern auch wegen seiner körperlichen Grazie und Stärke. Als ich in seiner Umarmung zusammenbrach, hob er mich stürmisch auf und trug mich in seinen Armen zum Bett, so unbeschwert, als wäre ich so leicht gewesen wie mein seidenes Nachthemd und mein seidener Morgenmantel.

Anders als die meisten Regisseure besaß Pabst keinen Katalog von Charakteren mit stereotypen Gefühlsreaktionen. D. W. Griffith verlangte von allen sexuell erregten Jungfrauen Kicheranfälle. Hätte Pabst jemals eine Szene mit einer kichernden Jungfrau gedreht, dann nur, wenn jemand sie tatsächlich gekitzelt hätte. Ihn interessierte der gefühlsauslösende Reiz. Wenn er den richtig traf, mußte die Gefühlsreaktion des Schauspielers wie das Leben selbst sein – oft befremdlich und unbefriedigend für ein Publikum, das an festgelegte Konventionen der Schauspielerei gewöhnt war. Als *Die Büchse der Pandora* 1929 in die Kinos kam, protestierten die Filmkritiker, weil Lulu nicht in der Manier von Sarah Bernhardts *Kameliendame* litt. Auf den Publicity-Fotos, die vor den Dreharbeiten gemacht wurden, sieht man

Pabst mich mit wissenschaftlicher Intensität beobachten. Da er alle meine Szenen in seinen Filmen im voraus konzipierte, verstand er es, mich im wirklichen Leben in ähnliche Situationen zu bringen. Ein zeitlich gut gewählter zweiter Besuch der Schauspielerin und späteren Filmemacherin Leni Riefenstahl im Studio – bei dem sie mit Pabst in einer Ecke plauderte und lachte – garantierte meinen bedrückten Blick der Zurücksetzung in einer Großaufnahme im *Tagebuch einer Verlorenen*. Sein erprobtes Wissen von Ursache und Wirkung ist Teil der Antwort auf die Frage, wie es Pabst gelang, so schnell mit wenigen Proben und wenigen Takes zu drehen.
Ich verehrte Pabst, weil sein wahrheitsgetreues Bild dieser Welt der Lust es mir erlaubte, die Lulu natürlich zu spielen. Die übrigen Darsteller neigten eher zur Rebellion. Und vielleicht war das seine brillanteste Leistung als Regisseur – eine Truppe von Schauspielern dazu zu bringen, unsympathische Charaktere zu spielen, die allein durch die Suche nach sexueller Befriedigung getrieben werden. Fritz Kortner als Schön wollte das Opfer sein. Franz Lederer als der inzestuöse Sohn Alwa Schön wollte angebetet werden. Carl Goetz als der alte Kuppler Schigolch wollte Lacher erzielen. Die belgische Schauspielerin Alice Roberts, die als Gräfin Geschwitz die erste Lesbierin der Leinwand darstellte, wollte in ihrer Bereitschaft zur Verdrängung nicht weiter gehen, als sich in maskuline Kostüme zwängen zu lassen. An ihrem ersten Drehtag stand die Hochzeitssequenz auf dem Arbeitsplan. Sie kam ins Studio, und in ihrem Pariser Abendkleid sah sie schick aus und aristokratisch-selbstbeherrscht. Dann begann Mr. Pabst, ihr die Vorgänge in der Szene zu erklären, in der sie mit mir Tango tanzen sollte. Plötzlich wurde ihr klar, daß sie eine andere Frau berühren, umarmen, lieben sollte. Ihre blauen Augen traten hervor, und ihre Hände zitterten. Da Mr. Pabst, der keine Gefühlsausbrüche duldete, die nicht im Drehbuch standen, den Augenblick kommen sah, in dem sie explodieren würde, nahm er sie beim Arm und eilte mit ihr hinter die Kulisse, wo niemand sie sehen konnte. Als sie eine halbe Stunde später zurückkehrten, zischte er ihr besänftigend etwas Französisches ins Ohr, und sie lächelte wie der Star des Films – der sie in allen Szenen mit mir auch war. Ich war nur da und verstellte die Sicht. Bei unseren Zweieraufnahmen und ihren Großaufnahmen, die über meine Schulter hinweg fotografiert wurde, täuschte sie ihren Blick an mir vorbei zu Mr. Pabst, der ihr hinter der Kamera verliebte Augen machte. Aus der verzwickten Komik dieses Arrangements heraus gestaltete Mr. Pabst sein verkniffenes Porträt einer sterilen lesbischen Leidenschaft, und Mme. Roberts bewahrte auf zufrieden-

stellende Weise ihren Ruf. Damals kam mir ihr Verhalten albern vor. Daß das Publikum das Privatleben einer Schauspielerin mit einer Rolle in einem Film identifizieren könnte, wurde mir erst 1964 klar, als mich ein junger Franzose besuchte. Seine Erklärung, warum die jungen Leute in Paris *Die Büchse der Pandora* so sehr mochten, brachte mich auf einen unbehaglichen Gedanken.
»Sie reden so, als wäre ich im wirklichen Leben eine Lesbierin«, sagte ich. »Aber natürlich!« antwortete er, auf eine Weise, die mich zum Lachen brachte, in der Erkenntnis, daß ich seit fünfunddreißig Jahren in einer Kinoperversion gelebt hatte.
Pabst, ein kleiner Mann mit breiten Schultern und einem massigen Brustkorb, machte im Zustand der Ruhe einen schwerfälligen Eindruck. Wenn er sich aber bewegte, trugen ihn seine Beine wie Flügel, was der Behendigkeit seines Geistes entsprach. Er kam immer frisch wie der Märzwind ins Studio, ging direkt zur Kamera, um den Aufbau zu überprüfen, und wandte sich dann seinem Kameramann Günther Krampf zu, der der einzige Mensch im ganzen Film war, den er umfassend über Handlung und Bedeutung der folgenden Szene unterrichtete. Da er mit seinen Schauspielern niemals Gruppendiskussionen führte, sagte er dann jedem Schauspieler einzeln, was er über die Szene wissen mußte. Für Pabst war die Übertragung der Schauspieltechnik des Theaters, die jedes Wort, jede Geste, jedes Gefühl im voraus festlegte, der Tod des Realismus im Film. Er wollte die Schocks des Lebens, die unvorhersehbare Gefühle freisetzten. Proust schrieb: »Unser Leben steht in jedem Augenblick vor uns wie ein Fremder in der Nacht, und wer von uns weiß, welchen Punkt er am Morgen erreichen wird?« Um zu verhindern, daß die Schauspieler jenen Punkt anpeilten, den sie am Morgen erreichen würden, drehte Pabst niemals genau die Szenen, auf die sie sich vorbereiteten.
An dem Tag, als wir Lulus Mord an Schön drehten, kam Fritz Kortner ins Studio und hatte seinen Tod bis hin zur letzten Zuckung des Gesichts ausgearbeitet – sogar die Süße des Schokoladensirups, der als Blut aus einem Schwamm in seinem Mund tropfen sollte, hatte er sorgfältig geprüft, damit auch ja keine Überraschung ihn zu einer ungeprobten Reaktion hinreißen würde. Sterbeszenen sind dem Schauspieler teurer als das Leben, und Kortners Sterben, spektakulär gefärbt durch die Bühnentode vieler Jahre, stieß während der Probe auf keinerlei Einwände. Pabst überließ es vielmehr der Dynamik jeder Einstellung, Kortners Darstellung zu verändern. Der Rauch aus dem abgefeuerten Revolver wurde von höchster Wichtigkeit, oder auch der genaue Augenblick, in dem Kortner mir das Kleid von der Schul-

ter riß, oder die Beschaffenheit des Sirups im Bild – solche technischen Irritationen zerbrachen eine Abfolge vorbereiteter Gefühle zu versprengten Bruchstücken der Realität. Der Dialog wurde von Pabst festgelegt, während er die Schauspieler bei den Proben beobachtete. In dem Bemühen, witzig zu sein, haben alte Schauspieler und Regisseure den Irrglauben verbreitet, daß vor einer Stummfilmkamera alles gesagt werden durfte, was einem an komischen Dingen in den Kopf kam. Dabei wird vergessen, daß der Verfasser von Zwischentiteln sich nach den Worten der Schauspieler richten mußte. Ich erinnere mich, wie ich eines Abends spät noch zu Ralph Spence, einem Verfasser von Zwischentiteln, kam; bedrückt saß er da, in seiner Suite im Beverly Wilshire Hotel, inmitten von Filmbüchsen, Pappkartons mit schalgewordenem chinesischen Essen und leeren Whiskyflaschen. Er versuchte, eine unwitzige Komödie des Gespanns Wallace Beery und Raymond Hatton aufzumöbeln, aber keine komische Zeile, die er sich ausdachte, wollte zu den Lippenbewegungen passen. Stummfilmfans waren hervorragende Lippenleser und beschwerten sich oft an der Kinokasse darüber, daß der Cowboy beim Versuch, aufs Pferd zu steigen, so wütend fluchte. Außerdem verwendeten Regisseure wie Pabst die genau passenden Dialoge, um ein Gefühl zu intensivieren und hervorzuheben. Als Lulu auf den toten Schön hinabsah, gab er mir die Zeile: »Das Blut!« Nicht die Ermordung meines Mannes, sondern der Anblick des Blutes bestimmte meinen Gesichtsausdruck.

Um die Dinge vom Standpunkt des Regisseurs zu sehen, braucht man nur einmal daran zu denken, wie schwierig es ist, in einem einzigen Schnappschuß das wahre Lächeln eines Menschen, den wir kennen, einzufangen. Dann stelle man sich einen Regisseur vor, der einer Gruppe von Fremden gegenübersteht; alle wissen genau, wie sie ihre Rollen spielen wollen; manche sind ihm feindlich gesinnt; alle aber bergen in sich tausendfache Geheimnisse von Schmerz und Erniedrigung, die, wenn sie zufällig berührt werden, den Regisseur auf völlig verwirrende Weise zu Fall bringen können. Kein Regisseur wird jemals seine Angst zugeben wollen, daß es ihm mißlingen könnte, aus einem Schauspieler die gewünschte Leistung herauszuholen. Manche, wie Erich von Stroheim, versuchen, durch Bösartigkeit irgendwelche heftigen Gefühlsregungen zu wecken, die sie dann filmen; manche stärken ihre Position, indem sie grimassierende Schauspieler engagieren; manche nutzen die Möglichkeit der Trickfotografie oder des Symbolismus. Aber ein wahrhaft großer Regisseur wie G. W. Pabst richtet in jeder entscheidenden Szene die Kamera auf die Augen des Schauspielers. Er sagte: »Das Publikum muß es in den Augen des Schauspielers sehen.« Für seinen Film aus dem Jahr 1926, *Geheimnisse einer Seele*, ließ er den Darsteller, der den Psychiater spielte, Vorlesungen in Psychoanalyse besuchen, damit er es in den Augen sehen konnte. Pabsts Genius lag in seinem Vermögen, ins Herz eines Menschen vorzudringen, die Furcht zu bannen und die reine Wirkung der Persönlichkeit freizusetzen, die das Publikum zum Leben aufrüttelt.

Als Pabst *Die freudlose Gasse* drehte, lagen ihm zwei Wochen lang alle gellend in den Ohren, die Garbo loszuwerden. Er hörte sie nicht. Und es kam der Tag, da er ihr Vertrauen gewonnen hatte und sie ihm die makelloseste Leistung ihrer Karriere schenkte. Weitaus wunderbarer war es, wie er mit Alice Roberts in der *Büchse der Pandora* umging. Denn in ihr Herz vorzudringen bedeutete, nur wenig von der Großmut zu enthüllen, die eine große Schauspielerin ausmacht. Ihr Ehemann hatte Geld in den Film gesteckt. Sie war keine gute Schauspielerin, und ihre Angst nahm die Form von Haß an: Sie haßte Berlin, sie haßte ihre Rolle, und sie haßte mich. Jeder andere Regisseur hätte sich mit einer hölzernen Darstellung begnügen müssen. Pabst machte sich daran, sie auf Französisch mit den Sehnsüchten ihrer eigenen Seele zu umwerben. Im fertigen Film liefert sie mit ihrer Rolle ein leidenschaftlich vollkommenes Porträt einer Frau, die inmitten all der Personen, die der Vernunft abgeschworen haben, in die verrückte, hoffnungslose Jagd nach Zerstörung verstrickt ist. Im selben Film ist der alte Kuppler der Held der Geschichte. Er landet schließlich an einem warmen Plätzchen, mit seinem Schnaps und seinem Weihnachtspudding. Er weiß, was er ist, und er weiß, was er will, und er läßt nicht nach, sich das zu beschaffen. Lulu verliert ihr Leben mit dem Verlust ihrer Kindheit, ihrer unschuldigen Gleichgültigkeit anderen gegenüber.

Daß ich Tänzerin war und Pabst als Regisseur im wesentlichen Choreograph, war für uns beide am ersten Tag der Dreharbeiten zur *Büchse der Pandora* eine wunderbare Überraschung. Die teure englische Übersetzung des Drehbuchs, die ich ungeöffnet auf den Boden neben meinem Stuhl geworfen hatte, war von einem empörten Assistenten bereits wieder in Sicherheit gebracht und entfernt worden – worüber Mr. Pabst sich sehr amüsierte. Deshalb wußte ich auch nicht, daß Lulu, in Paris ausgebildet; von Beruf Tänzerin war (»Csardas – Samaqueca – Skirtdance«) oder daß der Tanz ihre Ausdrucksform war (»In meiner Verzweiflung tanze ich Cancan«). Am Nachmittag des ersten Drehtages sagte Pabst zu mir: »In dieser Szene probt Schigolch mit

Ihnen eine Tanznummer.« Nachdem er eine kleine Fläche markiert und mir ein schnelles Tempo vorgegeben hatte, sah er mich neugierig an: »Sie können sich hier doch ein paar kleine Schritte ausdenken, nicht wahr?« Ich nickte, und er ging ab. Das war ein typisches Beispiel dafür, wie sorgsam er die Schauspieler gegen den schädlichen Einfluß des Versagens schützte. Wenn meine Fähigkeiten mir nicht mehr erlaubt hätten als die Hopser der Asta Nielsen, so wäre sein neugieriger Blick niemals in einen Ausdruck des Bedauerns umgeschlagen; doch wie sehr ihm die Gestaltung am Herzen lag, zeigte seine Freude, nachdem die Szene abgedreht war. Als ich aus der Kulisse kam, fing er mich in seinen Armen auf, schüttelte mich und lachte, als ob ich ihm einen Streich gespielt hätte. »Aber Sie sind ja eine ausgebildete Tänzerin!« Das war der Augenblick, als ihm klar wurde, daß er mit mir instinktiv die richtige Lulu gewählt hatte. Er hatte das Gefühl, mich erschaffen zu haben. Ich war seine Lulu! Mit dem Rosenstrauß jedoch, den er mir bei meiner Ankunft auf dem Bahnhof in Berlin überreichte, erlebte ich zum ersten und letzten Mal jene Hochachtung, die er den übrigen Schauspielern erwies. Von dem Augenblick an führte er mich streng durch meine Nummern, ohne eine gute Leistung mit einem Stück Zucker zu belohnen.
Vier Tage später war ich weniger angenehm überrascht, als er auch mein Privatleben seiner Regie unterwarf. Seine Freude an Lulus Charakter bezog sich ausschließlich auf den Film. Hinter den Kulissen fand mein Tanzen ein Ende, als George Marshall, mit dem ich allabendlich bis morgens um drei das Berliner Nachtleben erkundete, nach Paris abreiste. Am Tag darauf hatte ich im Studio gerade die Einladung zu einem »Künstlerball« angenommen, als Pabsts ruhige, durchdringende Stimme hinter mir erklang. »Müller! Louiiiss wird nachts nicht mehr ausgehen.« Josifine schmolz dahin, als ich heulend zu protestieren begann. »Aber Mr. Pabst, ich bin an meinen Arbeitstagen abends immer ausgegangen! Ich kann meinen Schlaf hier im Studio zwischen den Szenen nachholen. Das hab ich immer so gemacht!« Er hörte mich nicht, denn er war dabei, Josifine das geltende Gesetz zu verkünden; von nun an wurde ich von ihr, nach getaner Tagesarbeit, ins Eden Hotel zurückgebracht, wo ich gebadet, gefüttert und zu Bett gelegt wurde, um am nächsten Morgen um sieben wieder abgeholt zu werden. Schlechtgelaunt und unruhig, blieb mir nichts anderes übrig als einzuschlafen, ihm Ohr die Klagen der anderen armen Tiere in den Käfigen jenseits der Stresemannstraße, im Zoologischen Garten.
In der Sache meiner Filmkostüme lieferte ich Pabst einen besseren

Kampf, wenn ich mich auch mit keiner Entscheidung durchsetzen konnte. Meine besten Schläge gingen ins Leere, weil Pabst immer schon die Position gewechselt hatte. Ich war an einem Sonntag in Berlin angekommen, und bei Beginn meiner Dreharbeiten am folgenden Mittwoch mußte ich feststellen, daß er mein erstes Kostüm bereits ausgewählt hatte, so daß mir nichts anderes zu tun übrigblieb, als bei einer letzten Anprobe stillzuhalten. Dies ließ ich als praktischen Notbehelf durchgehen, ohne zu ahnen, daß es mit allem, was ich an- oder auszog, dasselbe sein würde: vom Hermelinmantel bis zu meinem Hüftgürtel. Nicht nur war es unerhört, einer Schauspielerin bei der Wahl ihrer Kleider kein Mitspracherecht zu gewähren – ich war dazu noch von meinen Regisseuren bei der Paramount verwöhnt worden. In perlenbestickten Abendkleidern zu fünfhundert Dollar hatte ich eine Maniküre gespielt, in Nachmittagskleidern aus schwarzem Satin zu dreihundert Dollar eine Verkäuferin und im Schneiderinnenkostüm zu zweihundertfünfzig Dollar ein Schulmädchen. Mit übermäßigem Selbstvertrauen auf meine Rechte und meine Macht widersetzte ich mich Pabst zuerst durch Arroganz. Pabst suchte alle meine Kostüme mit Sorgfalt aus; aber in Szenen, die durch sexuellen Haß motiviert waren, suchte er sie gleichermaßen nach ihrer verführerischen Wirkung auf Augen und Hände aus. Er wollte, daß die Schauspieler, die mit mir arbeiteten, unter einem Tanzkleid, unter Rock und Bluse, unter einem Nachthemd mein Fleisch spürten. An dem Morgen, als wir die Sequenz drehen wollten, in der ich, aus dem Bad kommend, eine Liebesszene mit Franz Lederer zu spielen hatte, erschien ich eingehüllt in ein grandioses Négligé aus bemalter gelber Seide. Mit dem Morgenrock, den zu tragen ich mich weigerte, ging Josifine zu Pabst, um seinen Zorn auf sich zu nehmen. Sie trug die Verantwortung dafür, daß ich seinen Anordnungen gehorchte, und er antwortete auf ihre Ausflüchte mit einem strengen Tadel. Dann wandte er sich mir zu.

»Louiiiss, Sie müssen diesen Morgenrock tragen und darunter nackt sein.«

»Warum? Ich hasse diesen Bademantel«, sagte ich. »Und wer wird schon wissen, daß ich unter diesem bauschigen, flauschigen weißen Bademantel nackt bin?«

»Lederer«, sagte er.

Überrumpelt von dem vernünftigen Argument kehrte ich ohne ein weiteres Wort mit Josifine in die Badezimmerkulisse zurück, kleidete mich aus und zog den Bademantel an.

Als ich mich dagegen wehrte, daß die Schleppe meines Hochzeitskleides »wie eine Schürze festgebunden« wurde und Pabst erklärte, daß sie leicht abzunehmen sein müsse, da ich, über meine Schleppe stolpernd, die lange, hektische Sequenz nicht würde spielen können, wollte ich nicht wieder auf gleiche Weise in die Falle laufen und antwortete, daß mir das zum Teufel egal wäre, riß die Schleppe ab und zog mit meinem Wutanfall eine große Schau ab. Ein schlimmeres Publikum habe ich nie gehabt: Pabst trug dem Kostümbildner einfach auf, die Stücke wieder zusammennähen zu lassen und verließ dann den Anproberaum. Meine endgültige Niederlage, die mir echte Tränen in die Augen trieb, kam gegen Ende des Films, als er meine Garderobe durchwühlte und ein »abgetragenes« Kleid suchte für die Szene, in der Lulu als Straßenmädchen in den Armen Jack the Rippers ermordet wird. Mit seiner instinktiven Kenntnis meines Geschmacks entschied er sich für Rock und Bluse meines Lieblingskostüms. Ich litt Qualen. »Warum können Sie nicht irgendein billiges Fähnchen *kaufen*, um es ruinieren zu lassen? Warum muß es ausgerechnet *mein* Kleid sein?« Auf diese Fragen bekam ich keine Antwort, bis ich am nächsten Morgen meine einst so hübschen Kleidungsstücke in der Studiogarderobe zurückerhielt. Sie waren zerrissen und vollgeschmiert mit lauter Fettflecken. Nicht irgendwelche unscheinbaren Fetzen aus dem Studiofundus, sondern mein eigenes Kostüm, das ich noch am letzten Sonntag zum Lunch im Hotel Adlon getragen hatte! Josifine hakte mir den Rock zu, ich zog mir die Bluse über den Kopf und trat vor die Kamera mit dem Gefühl, ebenso hoffnungslos besudelt zu sein wie meine Kleider. In dieser Aufmachung war es mir völlig egal, was mit mir geschah.

Die zwei Jahre in der Tanztruppe von Ruth St. Denis und Ted Shawn hatten mich eine Menge über die magische Wirkung gelehrt, die von authentischen Kostümen ausgeht. In ihrem populärsten Duo, *Tillers of the Soil*, tanzten sie in Kartoffelsäcken. In ihrem *Flower Arrangement* waren es die wunderbaren japanischen Gewänder von Miss Ruth, die die Hauptrolle in dem Ballett spielten. Aber die dann folgenden drei Jahre unkontrollierter Extravaganz beim Film hatten meine Urteilskraft derart korrumpiert, daß ich erst 1956, als ich *Die Büchse der Pandora* sah, erkannte, auf welch wunderbare Weise Pabsts vollkommenes Gefühl für Kostüme Lulus Charakter und Zerstörung symbolisierte. Kein einziger Blutfleck ist auf dem reinen, bräutlich-weißen Satin, in dem sie ihren Mann tötet. In ihrer Liebesszene mit Alwa, in der sie den weißen Bademantel trägt, fragt Alwa sie: »Liebst du mich... Mignon?« – »Ich? – Keine Seele!« Es sind die zerrissenen und schmutzigen Kleider des Straßenmädchens, in denen sie zum ersten Mal Leidenschaft verspürt – zum Leben erwacht, um zu sterben. Als sie auf der nebligen Londoner Straße Jack the Ripper aufgabelt und er ihr sagt, daß er kein Geld habe, um sie zu bezahlen, antwortet sie: »Komm nur – du gefällst mir.« Es ist Heiligabend, und auf sie wartet das Geschenk, von dem sie seit ihrer Kindheit geträumt hat: Tod aus den Händen eines Lustmörders.

An dem Tag, als ich die Stummfilmversion von *The Canary Murder Case* für die Paramount beendet hatte, war ich froh gewesen, Hollywood zu verlassen und nach Berlin zu fahren, um für Pabst zu arbeiten. Als ich nach Beendigung von *Die Büchse der Pandora* nach New York zurückkehrte, rief mich das New Yorker Büro der Paramount an und forderte mich auf, sofort den nächsten Zug nach Hollywood zu nehmen. *The Canary Murder Case* wurde in einen Tonfilm umgewandelt, und das Studio brauchte mich für einige Nachaufnahmen. Als ich sagte, daß ich nicht fahren würde, schickten mir die Leute von der Paramount einen Mann mit dem Vertrag. Als ich immer noch sagte, daß ich nicht fahren würde, boten sie mir jede Summe, die ich möglicherweise verlangte, um die hohen Kosten neuer Dreharbeiten und der Nachsynchronisation mit einer anderen Stimme zu sparen. Am Ende, als sie schließlich davon überzeugt waren, daß nichts mich dazu bewegen würde, die Nachaufnahmen zu drehen, unterschrieb ich eine Verzichtserklärung (unentgeltlich) für alle meine Filme, und *The Canary Murder Case* wurde mit der Stimme von Margaret Livingston nachsynchronisiert. Aber die ganze Sache – das Geld, das die Paramount ausgeben mußte, und der Affront gegen das Studio – hatte die Leute dermaßen verärgert, daß sie eine Geschichte in Umlauf setzten, die von der Presse weit verbreitet und auch weitgehend geglaubt wurde: Sie hätten mich gehen lassen, weil ich für den Tonfilm nicht taugte.
In Hollywood war ich ein hübsches flatterhaftes Ding, dessen Charme für die Verwaltung in dem Maße abnahm, wie meine Fan-Post zunahm. In Berlin betrat ich den Bahnsteig, lernte Pabst kennen und wurde eine Schauspielerin. Ich wurde von ihm mit jenem Anstand und jener Achtung behandelt, wie sie mir aus Hollywood unbekannt waren. Es war geradezu so, als ob Pabst mein ganzes Leben und meine Karriere miterlebt hätte und deshalb genau wußte, wo ich Sicherheit und Schutz brauchte. Und was sein Verständnis für mich betraf, das zurückreichte bis zur Kenntnis meiner Vergangenheit, über die wir nicht zu reden brauchten, galt auch für die Gegenwart. Denn obwohl wir dauernd zusammen waren – im Studio, beim Lunch, oft

Im Central Park, New York, 1931

beim Dinner und im Theater –, sprach er doch selten mit mir. Dann aber erschien er beim Schneider in dem Augenblick, als ich gerade mit der klassischen Nummer beginnen wollte, die Schleppe des Hochzeitskleides abzureißen, über das ich mich ärgerte; er verbannte den Burschen, der immer lauthals durch die Garderobentür brüllte, wenn er mich vor die Kamera rief; nach den ersten Mustern, die mich insgeheim aus der Fassung brachten, weigerte er sich, mir jemals wieder Muster zu zeigen. Alles was ich dachte und alle seine Reaktionen schienen zwischen uns in einer Art wortloser Kommunikation ausgetauscht zu werden. Mit den anderen Leuten seiner Umgebung redete er immer und endlos auf seine aufmerksame Art und Weise, lächelnd, gespannt; und er sprach ruhig, mit einer wunderbaren zischenden Präzision. Aber mit mir sprach er manchmal den ganzen Morgen kein Wort; doch plötzlich dann beim Lunch wandte er sich an mich und sagte: »Louiiiss, morgen früh müssen Sie auf eine große Kampfszene mit Kortner vorbereitet sein«, oder: »In der ersten Szene heute nachmittag werden Sie weinen.« So gab er mir seine Regieanweisungen. Mit einem intelligenten Schauspieler setzte er sich zu einer ausführlichen Erklärung zusammen; mit einem alten Hasen sprach er die Sprache des Theaters. Aber mich erfüllte er auf magische Weise mit einem einzigen klaren Gefühl und schickte mich dann einfach in die Arena. Und das galt auch für die Handlung. Pabst belastete meine Gedanken niemals mit Dingen, die nicht direkt mit einer Szene zu tun hatten. Wenn ich aber diesen Film schon mit einer bloß ungefähren Vorstellung, wovon er handelte, gedreht habe, so hatte ich bei meinem zweiten Film mit Pabst, *Tagebuch einer Verlorenen*, nicht die blasseste Ahnung von seiner Handlung oder seiner Bedeutung, bis ich ihn siebenundzwanzig Jahre später im Eastman House sah.
Und es war während der Arbeit am *Tagebuch einer Verlorenen* – am letzten Drehtag, um genau zu sein –, daß Pabst in meine Zukunft trat. Wir saßen bedrückt an einem Tisch im Garten eines kleinen Cafés, beobachteten die Arbeiter, die das Grab für die Beerdigungsszene aushoben, als Pabst beschloß, mir richtig die Meinung zu sagen. Einige Wochen zuvor hatte er in Paris ein paar meiner Freunde kennengelernt – reiche Amerikaner, mit denen ich jede drehfreie Stunde verbrachte. Und er war wütend: erstens, weil er glaubte, daß sie mich davon abhielten, in Deutschland zu bleiben, die Sprache zu lernen und eine ernsthafte Schauspielerin zu werden, wie er es sich wünschte; und zweitens, weil er sie als verzogene Kinder betrachtete, die sich für eine Weile mit mir vergnügten, um mich dann wie ein altes Spielzeug fallen zu lassen. »Ihr Leben gleicht genau dem

Leben Lulus«, sagte er, »und Sie werden auf die gleiche Weise enden.«
Damals, als ich noch kaum wußte, was er mit Lulu meinte, saß ich nur da, sah ihn schmollend an und versuchte, nicht hinzuhören. Fünfzehn Jahre später, in Hollywood, als alle seine Vorhersagen mich einholten und einkreisten, hörte ich seine Worte von neuem – wie sie mich wieder anzischten. Und da ich dieses Mal zuhörte, packte ich meine Koffer und fuhr nach Hause nach Kansas. Aber die seltsamste Seite meiner Beziehung zu Mr. Pabst wurde mir durch eine Offenbarung klar, die Richard Griffith in einer Fußnote seines Buches *The Film Since Then* versteckt hatte. Er identifizierte mich als »Louise Brooks, die Pabst für *Die Büchse der Pandora* aus Hollywood nach Deutschland holte und deren ganzes Leben und deren ganze Karriere durch diese Rolle verändert wurden.« Als ich das las, dreißig Jahre, nachdem ich mich geweigert hatte, nach Hollywood zurückzukehren, um jene Nachaufnahmen für *The Canary Murder Case* zu machen, verstand ich endlich warum.

Lotte H. Eisner: Eine Zeugin spricht

Angefangen hat alles 1929. Seit Oktober 1927 schrieb ich schon für den Berliner Film-Kurier, eine Tageszeitung, die sich mit Film und Theater befaßte. Um mehr über die Techniken und Formen des Films zu lernen, hatte ich es mir zur rituellen Gewohnheit gemacht, die Ateliers zu besuchen, denn ich wollte sehen, wie diese neue Kunstform des Jahrhunderts praktiziert wurde. (Es ist zu bedauern, daß die Filmkritiker von heute diese Gewohnheit abgelegt haben.)

Eines Morgens fuhr ich in ein Studio am Rande von Berlin, wo G. W. Pabst das *Tagebuch einer Verlorenen* drehte. Ich kam ins Atelier, als gerade die Scheinwerfer eingerichtet wurden, und mit sichtlichem Stolz stellte Pabst mich der Schauspielerin vor, die die Heldin seines Films spielte; es war eine junge Amerikanerin von faszinierender Schönheit, die dort saß und las. Unglaublich, denn was diese schöne junge Frau las, war eine Übersetzung der kleinen Schriften Schopenhauers. Ich hielt das natürlich für einen Reklametrick von Pabst; er wußte nämlich genau, daß ich ein Universitätsstudium absolviert hatte. Zunehmend wurde ich mir jedoch einer fast magischen Kraft bewußt, die von dieser seltsamen jungen Frau ausging, die nur sehr wenig sprach, auch wenn ich mich in Englisch an sie wandte. Es war Louise Brooks. Ich blieb, um Pabst bei der Arbeit zu beobachten. Und diese Louise Brooks, die ich kaum reden hörte, faszinierte mich unablässig durch eine merkwürdige Mischung aus Passivität und *présence*, die sie während der ganzen Dreharbeiten umgab.

Diese Eindrücke stellten sich bei mir wieder ein, wurden vollkommen bestätigt, als ich schließlich den Film sah. Und als ich viel später, im Jahr 1952, mein Buch *L'Écran Démoniaque* schrieb, erinnerte ich mich dieses Besuchs in Pabsts Studio und bemerkte anläßlich zweier seiner Filme: »Louise Brooks existiert nämlich mit einer erschütternden Eindringlichkeit, sie wandelt durch diese beiden Filme mit einer rätselvollen Unpersönlichkeit. (Ist sie wirklich eine große Schauspielerin oder ist sie lediglich ein blendendes Geschöpf, dessen Schönheit den Zuschauer verführt, ihr vielfältige Eigenschaften zu verleihen, denen sie im Grunde fremd bleibt?)« Die Antwort auf diese Frage erhielt ich bald darauf. In den fünfziger Jahren lud die Cinémathèque Française Louise Brooks nach Paris ein, und ich hatte die Gelegenheit, sie einen ganzen Monat zu interviewen. Zu der Zeit – und dies war charakteristisch für ihre streng nonkonformistische Art – trug sie nicht mehr die Ponyfrisur, die in den Zwanzigern so berühmt geworden war. Ganz im Gegenteil: Sie kämmte ihr Haar absichtlich zurück und zeigte ihre immer noch makellose Stirn. (Sie hatte sich ihr außergewöhnliches Profil bewahrt.) Einer ihrer heftigsten Verehrer, Ado Kyrou, war darüber sehr bekümmert, denn er hatte nicht begriffen, daß Louise Brooks in ihrer ungehemmten Art dem Glamour ihrer Vergangenheit entschieden den Rücken gekehrt hatte und völlig in der Gegenwart lebte.

Mir war inzwischen klar geworden, daß sie sich vom Film auf der Höhe ihres Ruhms zurückgezogen hatte und nicht, wie manche anderen Stars, weil der Siegeszug des Tonfilms eine Karriere vorzeitig beendet hatte, die auf der Technik des Stummfilms beruhte. Ihre Stimme war in der Tat bemerkenswert. Als ich sie fragte, warum sie das Filmen aufgegeben habe, erzählte sie mir offen, sie habe es deshalb getan, weil es sie langweile, immer und immer wieder dasselbe zu machen. Kürzlich erzählte mir ein amerikanischer Filmemacher, der Deutschland besuchte, um für das kanadische Fernsehen einen Dokumentarfilm über die »Überlebenden« aus dem Berlin der dreißiger Jahre zu drehen, daß von allen Leuten, die er gefilmt hatte, Louise Brooks die atemberaubendste Persönlichkeit sei: daß ihre Stimme wunderbar sei und daß er nicht verstehen könne, warum die amerikanischen Filmemacher sie nicht auf die Leinwand zurückgeholt hätten, wie Joan Crawford und Bette Davis.

Da ich sehr viel Zeit mit Louise Brooks bei ihrem Aufenthalt in Paris verbrachte, mußte ich mich ganz einfach der Wirklichkeit stellen: Ich befand mich in der Gegenwart eines Menschen, dem eine erstaunliche Persönlichkeit gegeben war. In dieser Präsenz, die mir in den Zwanzigern so rätselhaft erschienen war, erkannte ich nun das Werk eines Lebens, das durch ihre unbezweifelbaren Eigenschaften des Verstandes und des Herzens gespeist wurde: Freimütigkeit der Meinung, Klarheit in der Beobachtung von Menschen und Dingen, die Gewohnheit, sich mit völliger Aufrichtigkeit zu äußern. Ich konnte mir die Frage nicht verkneifen, ob sie denn tatsächlich das Buch von Schopenhauer gelesen habe, das ich in ihren Händen gesehen hatte. Sie *hatte* es gelesen, und sie hatte auch Proust gelesen, sowie mehrere andere Schriftsteller, die man bei Filmleuten kaum zu finden gewohnt war. Aber nichts konnte mich noch wirklich überraschen an dieser Frau, deren einzigartige Geistesstärke ich nun endlich schätzen gelernt hatte. Seitdem verbindet uns eine seltene Freundschaft – eine feste, unverbrüchliche Freundschaft, die keine Meinungsverschiedenheit zu zerstören vermag. Und als in Frankreich eine Neuauflage meines Buches *L'Écran Démoniaque* erschien, konnte ich, da ich sie nun soviel besser kannte, schreiben: »Heute wissen wir, daß Louise Brooks nicht nur ein blendendes Geschöpf ist, sondern eine erstaunliche Schauspielerin, begabt mit beispielloser Intelligenz.«

Louise Brooks macht keine Filme mehr. Sie widmet sich der Malerei, und zwar malt sie in einem sehr direkten Stil, der ein wenig der alten chinesischen Malerei gleicht. Als ich 1960 in ein neues Haus umzog, schickte sie mir eines ihrer Bilder: Es zeigt einen Baum, in klaren, starken Linien, in weißen, schwarzen und grauen Tönen, und mit einer roten Signatur, die nach dem Vorbild chinesischer Schriftzeichen gestaltet war. Und sie schrieb, daß dieses Geschenk von einer alten Chinesin komme, von »Lou Brou«.

Das Wiederlesen ihrer Briefe bereitet mir immer großes Vergnügen, weil diese entschieden unabhängige Frau in ihrer Einsamkeit eine echte Schriftstellerin geworden ist. Sie bescherte uns Essays über das Kino ihrer Epoche und die Stars, denen sie begegnet ist und die sie beobachten konnte (Gish, Garbo, Chaplin, W. C. Fields, Humphrey Bogart) – Essays, die durch ihre Ausgewogenheit und ihre Einsichten auffallen. Mit der ihr eigenen Freimütigkeit und mit der Weigerung, sich den Vorurteilen des Augenblicks zu unterwerfen, *sah* sie diese Menschen und Ereignisse, ohne sich beirren oder täuschen zu lassen. Der Verleger, der plante, diese Stücke zu einem Buch zusammenzustellen, tat keinen Mißgriff, denn dieses Buch offenbart die Kehrseite des »Hollywood-Glamours«. Und wir können ganz beruhigt sein: eine Huldigung dieser Art wird unserer »Philosophin« ganz bestimmt nicht zu Kopfe steigen, schrieb sie mir doch kürzlich unverblümt auf einer Weihnachtskarte: »Ich werde nicht mehr schreiben. Es ist eine nutzlose Übung, für Leser, die sich vom Publicity-Schund füttern lassen, die Wahrheit zu schreiben.« Wir wollen ihr nicht widersprechen. Es ist trotzdem schade, daß nun ihr lebenslanges Interesse an der »Wahrheit« sie am Ende davon abhält, der Welt jene Wahrheiten zu geben, die sie doch braucht und verdient.

Filmographie

Street of Forgotten Men	Produktion: Famous Players-Lasky*, 1925 Regie: Herbert Brenon Besetzung: Percy Marmont, Neil Hamilton
The American Venus	Produktion: Famous Players-Lasky*, 1926 Regie: Frank Tuttle Besetzung: Esther Ralston, Fay Lanphier, Lawrence Gray, Ford Sterling
A Social Celebrity	Produktion: Famous Players-Lasky*, 1926 Regie: Malcolm St. Clair Besetzung: Adolphe Menjou, Chester Conklin
It's the Old Army Game	Produktion: Famous Players-Lasky*, 1926 Produktion: Edward Sutherland Besetzung: W. C. Fields, William Gaxton, Blanche Ring
The Show-Off	Produktion: Famous Players-Lasky*, 1926 Regie: Malcolm St. Clair Besetzung: Ford Sterling, Lois Wilson, Gregory Kelly
Just Another Blonde	Produktion: First National, 1926 Regie: Alfred Santell Besetzung: Dorothy Mackaill, Jack Mulhall, William Collier, Jr.
Love 'Em and Leave 'Em	Produktion: Famous Players-Lasky*, 1926 Regie: Frank Tuttle Besetzung: Evelyn Brent, Osgood Perkins, Lawrence Gray

* eine Paramount-Produktion, in den Paramount Astoria-Studios, New York, gedreht

Evening Clothes	Produktion: Paramount, 1927 Regie: Luther Reed Besetzung: Adolphe Menjou, Noah Beery, Virginia Valli, Lilyan Tashman
Rolled Stockings	Produktion: Paramount, 1927 Regie: Richard Rosson Besetzung: James Hall, Nancy Phillips, Richard Arlen
Now We're in the Air	Produktion: Paramount, 1927 Regie: Frank Strayer Besetzung: Wallace Beery, Raymond Hatton
The City Gone Wild	Produktion: 1927 Regie: James Cruze Besetzung: Thomas Meighan
A Girl in Every Port	Produktion: Fox, 1928 Regie: Howard Hawks Besetzung: Victor McLaglen, Robert Armstrong
Beggars of Life	Produktion: Paramount, 1928 Regie: William Wellmann Besetzung: Wallace Beery, Richard Arlen, Edgar Washington
The Canary Murder Case	Produktion: Paramount, 1929 Regie: Malcom St. Clair Besetzung: William Powell, Jean Arthur
Die Büchse der Pandora	Produktion: Nero Film, Berlin, 1929 Regie: G. W. Pabst Besetzung: Gustav Diessl, Fritz Kortner, Franz Lederer, Carl Goetz, Alice Roberts
Das Tagebuch einer Verlorenen	Produktion: Hom-Film, Berlin, 1929 Regie: G. W. Pabst Besetzung: Joseph Rovensky, Fritz Rasp, André Roanne, Edith Meinhard, Valeska Gert, Andrews Engelmann
Prix de Beauté	Produktion: Sofar Film, Paris, 1930 Regie: Augusto Genina Besetzung: Georges Charlia, Jean Bradin

Windy Reilly in Hollywood	Produktion: Educational, 1931 Regie: William Goodrich (Roscoe Arbuckle) Besetzung: Jack Shutta, William Davidson, Wilbur Mack, Dell Henderson, Walter Merrill
God's Gift to Women	Produktion: Warner Bros., 1931 Regie: Michael Curtiz Besetzung: Frank Fay, Laura LaPlante, Joan Blondell
It Pays to Advertise	Produktion: Paramount, 1931 Regie: Frank Tuttle Besetzung: Norman Foster, Carole Lombard
Empty Saddles	Produktion: Universal, 1936 Regie: Lesley Selander Besetzung: Buck Jones
King of Gamblers	Produktion: Paramount, 1937 Regie: Robert Florey Besetzung: Claire Trevor, Lloyd Nolan
When You're in Love	Produktion: Columbia, 1937 Regie: Robert Riskin Besetzung: Grace Moore, Cary Grant
Overland Stage Raiders	Produktion: Republic, 1938 Regie: George Sherman Besetzung: John Wayne

Tafeln

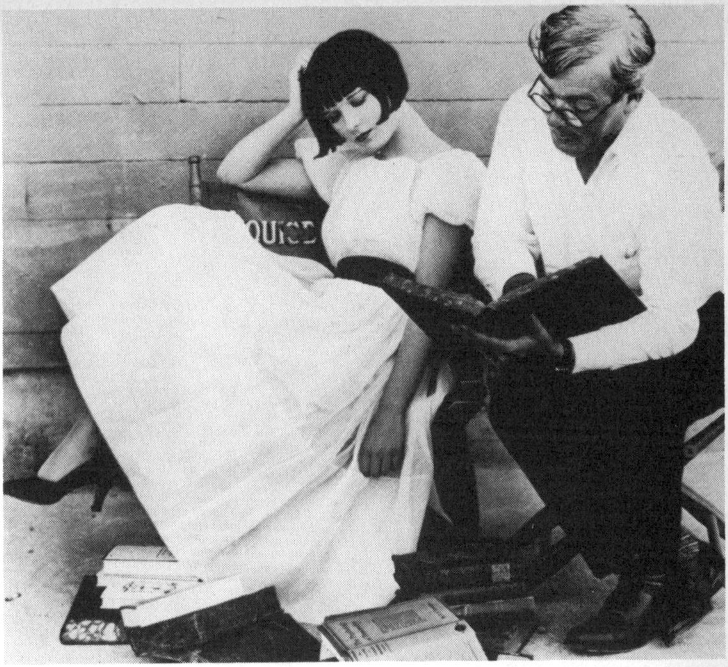

1 Louise Brooks mit Keen Thompson, dem Autor von *Now We're in the Air*, in Hollywood, 1927

2 In *The Canary Murder Case*, 1929

3 Als Tänzerin der Denishawn-Gruppe, New York, 1923

4 In *The American Venus*, 1926

5 In *Now We're in the Air*, 1927

6 In *Love 'Em and Leave 'Em*, 1926

7 Publicity-Foto: E. R. Richee

Filmbilder aus *Die Büchse der Pandora*
mit Louise Brooks in der Rolle der Lulu

8 Lulu (Louise Brooks) erwartet Dr. Schön in ihrem Apartment.

9 Dr. Schön (Fritz Kortner): »Ich werde mich verheiraten.«

10 Lulu: »Du wirst mich töten müssen, wenn du mich loswerden willst.«

11 Dr. Schöns Verlobte und Alwa überraschen Lulu und Dr. Schön in der Garderobe des Revuetheaters.

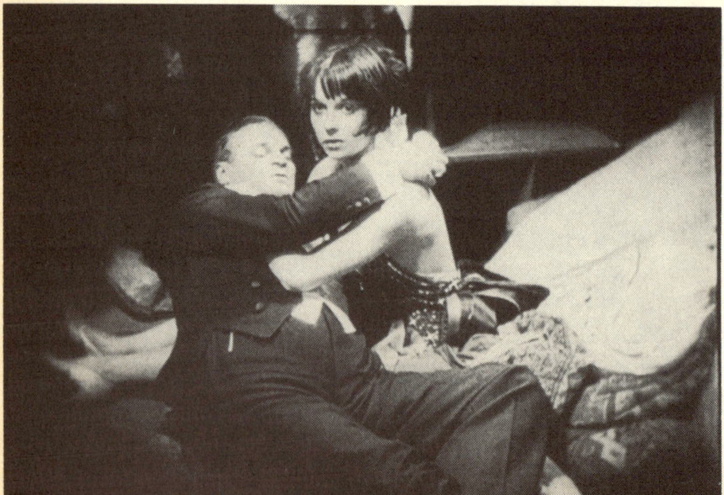

12 Lulu macht sich zum Auftritt fertig. Sie ist selig wie ein Kind. Sie hat gesiegt.

13 Dr. Schöns Hochzeit. Gräfin Geschwitz (Alice Roberts) tanzt mit der Braut.

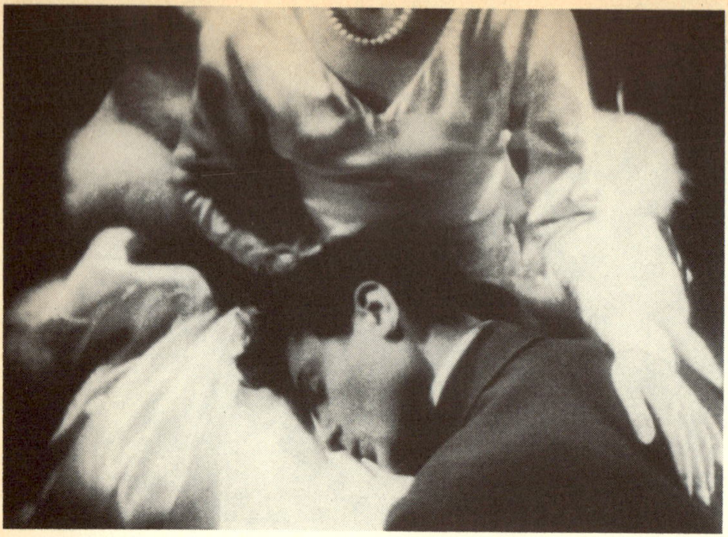

14 Im Brautgemach. Alwa Schön (Franz Lederer): »Ich kann ohne dich nicht leben.«

15 ... es ist als stände der Tod hinter ihr. Das Bild im Spiegel hält einen Revolver auf sie gerichtet.

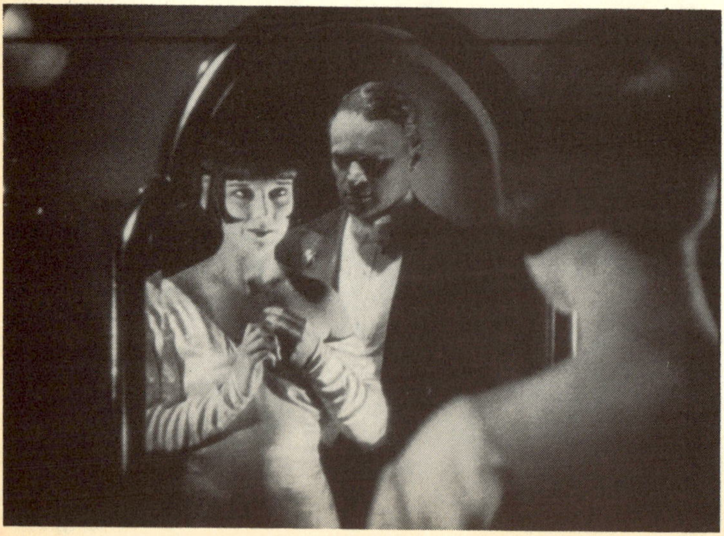

16 Tödlich getroffen, gleitet Dr. Schöns Körper an Lulu hinab.

17 »Alwa, nimm dich in acht! Du bist der nächste!«

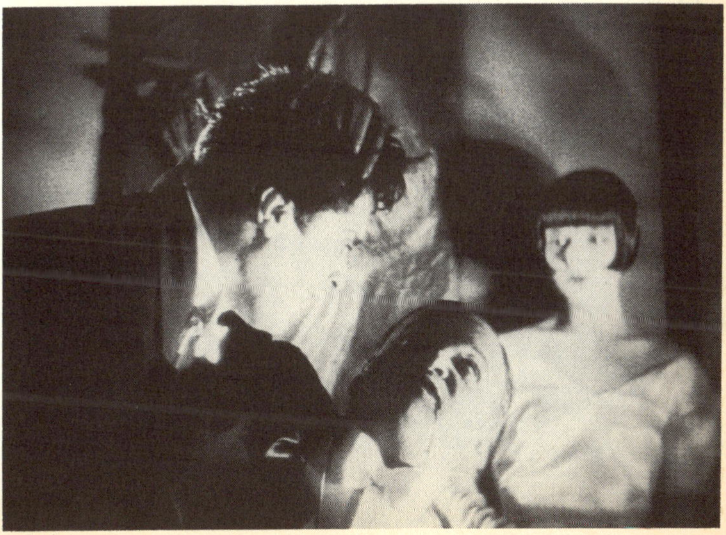

18 Lulu starrt mit weit aufgerissenen Augen ins Leere, noch immer den Revolver in der Hand.

19 Im Gerichtssaal. Lulu, als Angeklagte mit schwarzem Schleier, lächelt verlegen.

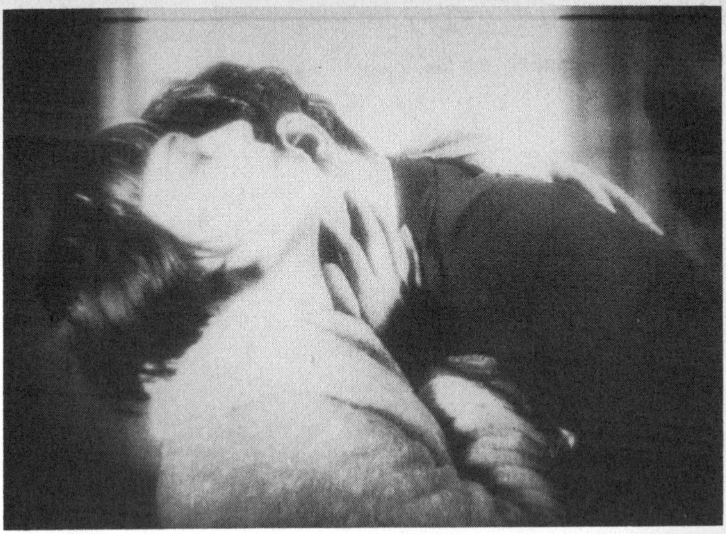

20 Lulus Zusammentreffen mit Alwa in Dr. Schöns Villa nach ihrer Flucht aus der Haft.

21 Im Eisenbahnwaggon bittet Lulu den Marquis Casti-Piani um Feuer.

22 Casti-Piani erpreßt Alwa mit Lulus Fahndungsfoto.

23 Im Spielsalon auf Casti-Pianis Schiff. Auseinandersetzung zwischen Rodrigo (Krafft Raschig), Lulu und Alwa um Lulus Perlenkette.

24 Rodrigo: »Wenn du die 20000 Francs bis heute abend nicht beschafft hast, zeige ich dich an.«

25 Lulu zu Schigolch (Carl Goetz):
»Hilf mir! – Rodrigo will mich anzeigen.«

26 Lulu zu Gräfin Geschwitz: »Du bist die einzige, die mich noch retten kann.«

27 Der Schiffsjunge dreht sich um: Es ist Lulu, verkleidet.

28 In London. Lulu zu Jack the Ripper (Gustav Diessl):
»Komm mit – du gefällst mir.«

29 Jack the Ripper: »Der Mistelzweig über dir ... Symbol der Erlösung und Vergebung ...

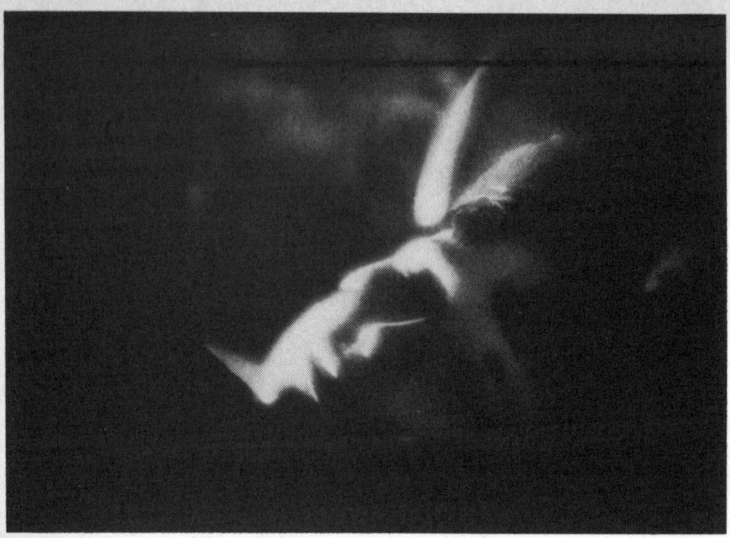

30 . . . jetzt mußt du dich küssen lassen.«

Fischer Cinema

Die Geschwister Oppermann
Band 3685

Georges Sadoul
Geschichte der Filmkunst
Band 3677

Adolf Heinzlmeier/
Bernd Schulz
Happy-End
Berühmte Liebespaare der Leinwand
Band 3668

Marilyn Monroe
Meine Story
Band 3663

Joe Hyams
Humphrey Bogart und Lauren Bacall
Band 3691

Sheridan Morley
Marlene Dietrich
Band 3652

Groucho Marx
Schule des Lächelns
Band 3667

Die Groucho-Letters
Briefe von und an Groucho Marx.
Band 3693

John Russell Taylor
Die Hitchcock-Biographie
Band 3680

Charles Chaplin
Die Geschichte meines Lebens
Band 4460

Lotte H. Eisner
Die dämonische Leinwand
Band 3660

André Bazin
Jean Renoir
Band 3662

Paul Werner
Roman Polanski
Band 3671
Film noir
Band 4452
Die Skandalchronik des deutschen Films 1900 bis heute
Band 4463

Hans-Jürgen Kubiak
Die Oscar-Filme
Band 4451

Manfred Schneider
Die Kinder des Olymp
Band 4461

Wolfram Schütte (Hrsg.)
Klassenverhältnisse
Von Danièle Huillet und Jean-Marie Straub.
Band 4455

Kurt Pinthus (Hrsg.)
Das Kinobuch
Band 3688

Thomas Brandlmeier
Filmkomiker
Band 3690

Percy Adlon
Die Schaukel
Band 3695

Gabriele Seitz (Hrsg.)
Der Zauberberg
Band 3676

Doktor Faustus
Ein Film von Franz Seitz nach dem Roman von Thomas Mann
Band 3681

Michael Verhoeven
Liebe Melanie
Band 3696

Michael Verhoeven/
Mario Krebs
Die Weiße Rose
Band 3678

Fischer Taschenbuch Verlag

fi 269/4

Fischer Film Almanach

Filme · Festivals · Tendenzen

Der Fischer Film Almanach bietet dem Filminteressierten jährlich eine lückenlose Dokumentation aller innerhalb eines Jahres in der Bundesrepublik erst- bzw. uraufgeführten Filme. Daneben gibt dieses informative Kompendium einen Überblick über die Preisträger der wichtigsten Filmfestivals von Berlin bis Cannes und beschäftigt sich in jedem Band schwerpunktmäßig mit einem filmpolitischen Thema.

Band 3657

Band 3674

Band 3684

Band 4456

Fischer Taschenbuch Verlag

fi 271/4

Adolf Heinzlmeier/Berndt Schulz/Karsten Witte

Die Unsterblichen des Kinos

Band 3666

Band 3658

Band 3679

Die Filmgeschichte ist, wenn sie Leben und Legende der Leinwandstars ernst nimmt, immer auch Sittengeschichte. Bizarre Details aus dem Alltag der Kinowelt sind nicht nur individuell aufregend, sie zeigen auch die Sklavenarbeit in der Träumefabrik, die Sehnsüchte und ihren Verschleiß. Davon sprechen diese Bücher. Sie zeigen den wirklichen Star, der repräsentativ sein sollte für das individuelle Selbstverständnis und die Etikette der Liebe in der modernen Gesellschaft. Stars waren am größten, wenn sie diese Fähigkeit mit einer weiteren verbinden konnten: mit ihrem eigenen Image identisch zu sein.

Fischer Taschenbuch Verlag

fi 319/1